D1640637

**Bild- und Rahmenstudio
Jürgen Busch
Galerie**
Cosimastr. 123 · 81925 München · Tel. (089) 95 62 91

FRANKFURTER FORSCHUNGEN ZUR KUNST
(früher Frankfurter Forschungen zur Architekturgeschichte)
Herausgegeben von Wolfram Prinz
Band 7

WOLFRAM PRINZ

SCHLOSS CHAMBORD UND DIE VILLA ROTONDA IN VICENZA

STUDIEN ZUR IKONOLOGIE

GEBR. MANN VERLAG · BERLIN

CIP-Kurztitelaufnahme der Deutschen Bibliothek

Prinz, Wolfram:
Chambord, Villa Rotonda: Studien zur Ikonologie /
Wolfram Prinz. – Berlin: Mann, 1980. (Frankfurter
Forschungen zur Kunst; Bd. 7)
ISBN 3-7861-1219-3

Copyright © 1980 by Gebr. Mann Verlag · Berlin
Alle Rechte vorbehalten
Satz und Druck Parzeller & Co., Fulda
Buchbinder Lüderitz & Bauer, Berlin
Printed in Germany
ISBN 3-7861-1219-3

INHALTSVERZEICHNIS

Vorwort 7

CHAMBORD
Einleitung 9
Das Modell des Domenico da Cortona in den Zeichnungen Félibiens 13
Das Modell und der ausgeführte Bau 17
Der Grundriß des Schlosses 21
Der Treppenturm 23
Die Strahlen der Turmhelme 29
Flammenvasen und Fruchtschalen 35
Franz I. und die »Weisheit« in der fürstlichen Allegorie 49
Turm und Kastell als Metapher 55
Filaretes Turm der Tugend, Chambord und der Palast des Apolidon 63

VILLA ROTONDA 69

Tafeln 1–63

VORWORT

Die Untersuchung des Schlosses Chambord macht den überwiegenden Teil der vorliegenden Arbeit aus. Anders als bei der Villa Rotonda ist dort das endgültige Konzept des Baues erst im Laufe der Planung entstanden. Es mußte deshalb besonders reizvoll erscheinen, soweit wie möglich die Wandlungen in der Planung zu verfolgen, um die Absichten des Königs näher kennenzulernen.

Zwar ist der ungewöhnlichen Form Chambords innerhalb der französischen Architektur der ersten Hälfte des 16. Jahrhunderts immer besondere Beachtung geschenkt worden, Form und Bauschmuck hat man jedoch weder in den Details noch in ihrer möglichen Bedeutung für den Inhalt der gesamten Architektur des Schlosses untersucht. Es lag nahe, die Einzelformen zuerst in der Entwicklung innerhalb der französischen Architektur zu verfolgen, um für ihre spezifische Verwendung in Chambord näheren Aufschluß zu erhalten. Da der größte Teil des dekorativen Formenschatzes in Italien seinen Ursprung hat, mußte die Untersuchung dorthin ausgeweitet werden.

Um überhaupt an eine Deutung gehen zu können, hat der Verfasser, so gut es in seinen Kräften stand, den geistesgeschichtlichen Grund zu erkennen versucht, aus dem die Einzelformen erwachsen sein können. Viele Wege mußten dabei beschritten werden. Dennoch ließen sich nicht alle Fragen zufriedenstellend beantworten. Gelegentlich konnte nur der allgemeine Hintergrund benannt werden, vor dem die Bedeutung einzelner Formen zu verstehen sein wird. Dagegen scheinen einige Detailformen, denen man bisher nicht das geringste Interesse geschenkt hatte – einige waren noch nicht einmal bemerkt worden – sinnvoll erklärbar und innerhalb der Leitgedanken der Zeit verständlich. Nur auf diesem Wege schien es möglich, zu einer Deutung des Schlosses Chambord fortzuschreiten, die sich durch literarische Zeugnisse, Fürstenspiegel, die Ikonographie der Entrées und auch durch die Bedeutung, die dem »Kastell als Metapher« gegeben wurde, hinreichend stützen läßt.

Wenn das Schloß Chambord und die Villa Rotonda zum Gegenstand einer Untersuchung gemacht worden sind, so lag ein Grund für die Wahl in der idealtypischen Ausprägung der Architektur beider Bauten, ein anderer in der Annahme, daß sich in beiden Denkmälern sowohl ähnliche als auch unterschiedliche Vorstellungen niedergeschlagen haben. Kurz gesagt, es war die Frage, ob gleiche oder ähnliche Formen gleichen, ähnlichen oder gänzlich disparaten Inhalt haben können.

Die Fülle der Untersuchungen zur Ikonologie der Villa Rotonda, einem wohlbekannten Werk aus einem wohlbestellten Forschungsgebiet, ließ es zu, sich bei ihrer Behandlung auf das Wesentliche zu beschränken.

Wenn unter der Vielzahl der Denkmäler, die eine gleiche Analyse verdienten, hier nur Chambord und die Villa Rotonda behandelt werden, so will der Verfasser damit zum Ausdruck bringen, daß selbst innerhalb einer Kultur mit vielen gemeinsamen Wurzeln, doch jeder wirklich bedeutende Bau immer wieder nach seiner ganz individuellen Konzeption zu befragen und allein aus ihr heraus angemessen zu verstehen ist.

Wieviel die vorliegende Arbeit der ikonologischen Forschung unseres Jahrhunderts verdankt, ist leicht zu erkennen, aber nur unvollkommen an der zitierten Literatur abzulesen. Darüber hinaus bin ich vielen Freunden und Kollegen für Hinweise und Hilfen dankbar, so den Kollegen im Centre d'Etudes Supérieures de la Renaissance der Universität Tours, Jean Guillaume, André Stegman und Jean-Claude Margolin, dem Direktor der Archives Départementales de Loire-et-Cher, in Blois Jean Martin-Démezil, in Florenz Ulrich Middeldorf, Renzo Gherardini und Patrizia Castelli, in Vizenza Renato Cevese, Tomaso Franco und der Direktorin der Biblioteca Bertoliana, Laura Oliva, in Ambras Elisabeth Scheicher, in Frankfurt insbesondere Hadwig Hörner, weiterhin Christoph Luitpold Frommel, Ewald M. Vetter, Herbert Dellwing sowie Annette Prinz und den Studenten meines Oberseminars zur französischen Schloßbaukunst.

Mein Dank gilt insbesondere der Deutschen Forschungsgesellschaft, die meine Arbeit durch Reisebeihilfen unterstützt hat. *W. P.*

CHAMBORD

EINLEITUNG

Das Schloß Chambord ist eine ungewöhnliche Einzelleistung innerhalb der französischen Architektur der Renaissance, die sich weder aus vorausgegangenen Bauten erklären läßt noch irgendeine Nachfolge in der gebauten Architektur gefunden hat noch finden konnte. Allein in der Dichtung ist der Einfluß der Architektur Chambords wirksam geblieben[1].

Nicht immer fand das Schloß Chambord einhellige Bewunderung. Zwar klingen die ersten Berichte enthusiastisch, so wenn Kaiser Karl V., der 1539 nur den Donjon vollendet sah, den Bau als einen »Inbegriff dessen« bezeichnet haben soll, »was menschliche Kunst hervorzubringen vermag«, oder der venezianische Gesandte Girolamo Lippomanno, der 1577 eigens zum Besuch des Schlosses seinen Reiseweg verläßt, meint, obgleich er viele überragende Bauten seiner Zeit kenne, hätte er nie ein reicheres noch ein schöneres Schloß gesehen als Chambord. Schon er verglich den märchenhaften Charakter des Baues mit den Schilderungen utopischer Schlösser durch die Dichter[2]. Nach Pierre de Bourdeille,

---

[1] Insbesondere im Palais des Apolidon des Amadis de Gaule, aber auch in Rabelais Abtei des Thelemites.

[2] Voyage de Jérôme Lippomanno, ambassadeur en France en 1577, par son secrétaire.
»Alli 21 ci levammo un poco fuor di strada per andar a vedere il castello di Chianburg, o per dir meglio il palazzo cominciato dal re Francesco, che é bene opera degna della magnanimità di quel gran principe. E con tutto ch'io abbia veduti molti edifizii superbi a'mei giorni, non v'ho veduto alcuno nè più bello nè più ricco di questo. Per non dir quello che però viene affermato da molti, ch'in stivali solo per fare il bastimento ed il fondo (conciossia che la fabbrica è tutta in palude), vi sia stato speso più di trecentomila franchi. La prospettiva in ogni quadro è tanto più delettevole quanto che ha le facciate quasi semilunari con li paviglioni negli angoli, e la scala a lumaca, che è di ducentottanta gradi, annoverati da me, nel mezzo della stanza; degna di essere altrettanto osservata per l'artificio, come è per la comodità; essendo in modo fabricata, che per un verso gli uomini vi possono ascendere e per l'altro calare a sei e otto per fila; in maniera che li portici e le sale vengono a essere in croce, e le stanze negli angoli, ma però e gli uni e l'altre tanto grandi ed in tanto numero, quanto piacque all'architetto di disporre; poichè non aveva mancamento di paese, essendo che il parco, ch'è serato di mura all'intorno, cinge sette leghe. Dentro il quale sono boschi, paludi, ruscelli, pascoli, e luoghi di caccia; e nel mezzo si vede quella fabbrica, che siccome è copiosa di dorati merli, di ale piombate, di paviglioni, di veroni, e corridori, fa una belissima mostra, e di quelle appunto che fingono li nostri poeti romanzi nelle case di *Alcina* (bei Ariost eine Fee; auch im Ritterroman Guerino Meschino von Andrea da Barberino) e di *Morgana*. Ma la fabbrica, siccome e non è alla sua perfezione, mancando più della metà, cosi non penso mai che si fornisca [finisca], volendovi tanta quantità di danari, ed essendone ora il regno tanto esausto per le passate guerre.
Partiti di questo luogo, ognuno pieno di meraviglia e di stupore, anzi di confusione, venissimo quella sera a Blois, . . .«
- - - - -
Collection de documents inédits sur l'histoire de France publié par ordre du roy, I^e série,

Seigneur de Brantôme (1540–1614), hätte man Chambord gar zu den Weltwundern zählen können, »wäre der Plan ganz zur Ausführung gelangt«, und seine Bewunderung für dieses Werk drückte er in dem Topos aus: »Es ist etwas Großartiges, wenn Kunst die Natur übertrifft.« Um die Bedeutung Chambords innerhalb der Architektur der französischen Renaissance deutlich zu machen, vollzieht er einen Vergleich mit der Antike: »Dieses große und Bewunderung erheischende Werk besagt sicher mehr als die römischen Bauten von einst...«[3]. In der Tradition der Ästhetik der Renaissance spricht er damit aus: Dieses Werk übertrifft die Natur und die Werke der Antike – die beiden Wertmaßstäbe, an denen sich die Künstler der Renaissance zu messen hatten.

Im 19. Jahrhundert meint der bedeutende Restaurator und Architekturhistoriker Eugène Emmanuel Viollet-le-Duc (1814–1879), daß es wohl kaum einen Franzosen gebe, der diese einzigartige Residenz nicht gesehen hätte[4], gesteht aber auch, daß es »von den einen als höchster Ausdruck der Architektur der Renaissance angesehen wird, von den anderen als bizarre Phantasie und kolossales Capriccio, ein Werk ohne Sinn und Verstand«. Hierin drückt Viollet-de-Duc sein persönliches Urteil aus, denn für ihn war der Bau aus zwei grundsätzlich unvereinbaren Prinzipien entstanden: dem des mittelalterlichen befestigten Schlosses und dem des palais de plaisance. Viollet-de-Duc war kein Bewunderer des Schlosses. Die Mischung aus ›mittelalterlichen‹ Gängen, Einzeltreppen für jeden Turm, die Isolierung des Donjon, die an mittelalterliche Verteidigungsbedingungen erinnern, mit geheimen Ausgängen und Überraschungen in den Raumfolgen, die ja nicht mehr den bewaffneten Feind verwirren sollen, sind für ihn in Chambord vielmehr ein Zeichen für die geheimen Intrigen an diesem jungen Hofe, der sich ganz dem galanten Leben hingab. Sein Verdikt dieser Architektur findet in den Worten »c'est une parodie« den stärksten Ausdruck.

Für Wilhelm Lübke, der seine ›Geschichte der Renaissance in Frankreich‹ in Stuttgart 1885 in zweiter Auflage veröffentlichte, erhebt sich das Schloß wie eine Fata Morgana »in waldigem Gehege«, für ihn war es aber »voller Monotonie« und »ödem Einerlei«,

---

Relations des ambassadeurs vénetiens sur les affaires de France au XVIe siècle, recueillies et traduites par M. N. Tommaseo, tome II, Paris 1838, p. 300 f.

-----

[3] »Que doit-on dire de Chambourg, qui encores tout imparfaict qu'il, à demy achevé, rend tout le monde en admiration et ravissement d'esprit quand il la voit! Que si le dessein eust peu accomplir l'oeuvre, on le pouvoit nombrer parmy l'un des miracles du monde, jusques là que ce grand et présumptueux roy vouloit y faire passer un bras de la rivière de Loyre le long de la muraille (aucuns disent toute la rivière), et en destourner le cours, et luy bailler là son adresse.
Ce grand et admirable oeuvre, certes, est plus que romain de jadis; dont paroissent encor le gros anneaux de fer enchassez dans les tours et murailles, pour y tenir attachées les barques et grands batteaux qui là fussent venus abordar, et là demeurer en seureté comme dans un port ou une seconde seurté et station naturelle de mer. Grand chose c'est quand l'art vient à surpasser nature, comm'il parest en ces deux grandz chef-d'oeuvre [Chambord und Fontainebleau] que je viens dire.
Pierre de Bourdeille, Seigneur de Brantome,
Oeuvre complètes, ed. Ludovic Lalanne, Paris 1867, III, p. 125
III, p. 125

[4] Voillet-le-Duc, Dictionnaire raisonné de l'architecture française du XIe au XVIe siècle, Bd. 3, Paris o. J. Stichwort château, Bd. 3, p. 185.

während ihm die Aufbauten über dem Donjon »überladen« erschienen. Das Werk kehrt nach seiner Meinung »der Schönheit wie der Wahrheit den Rücken«[5].

In unserem Jahrhundert schätzte François Gebelin Chambord schließlich wieder als vollendeten Vertreter der frühen französischen Renaissance in ihrer höchsten Blüte und verstand den Bau gleichzeitig als Abschluß einer Epoche[6]. Ludwig H. Heydenreich spricht in seinem 1940 in Berlin erschienenen Buch über Leonardo von Chambord gar als »einziger im großen wirklich gebauten Idealarchitektur der Renaissance«[7].

Gerade die ungewöhnliche Stellung des Schlosses innerhalb der Architektur des 16. Jahrhunderts verlangt nach einer Deutung oder wenigstens einer Klärung seiner Position. Wir müssen uns bei einem solchen Unternehmen aber im klaren sein, daß hier kein genialer Entwurf eines einzelnen Künstlers vorliegt, sondern daß der Bau vielmehr das Ergebnis verschiedener grundlegender Ideen ist, die erst im Laufe der Planung zum heute sichtbaren Bestand geführt haben. Dabei sind italienische Grundgedanken maßgebend gewesen, die Franz I. mit französischen Vorstellungen durchsetzte. Schließlich war dieses Schloß, in das ungeheure finanzielle Mittel flossen, der erste vom jungen König von Grund auf errichtete Bau[8].

Der große finanzielle Aufwand konnte aber nicht die Zeit aufheben; die hier geplante Utopie ist nie vollendet worden, und Franz I. hat einer neueren Statistik zufolge das heute annähernd 400 Zimmer zählende Chambord nicht länger als 27 Tage bewohnt[9].

Es gehört zu einer Utopie, daß sie kaum eine Chance zur Verwirklichung hat. Selbst wenn man, wie im Falle Chambord, in einem längst vergangenen Stil unter dem Nachfolger Franz I. noch weiterbaute, war eine Vollendung nicht abzusehen.

Der Reiz Chambords kommt schon in dem utopischen Entwurf eines gänzlich von Arkaden umgebenen dreigeschossigen quadratischen Donjons mit vier runden Ecktürmen zum Ausdruck *(Abb. 4, 5, 8, 13)*. Franz I. ließ dem Schloß eine phantastische Dachkrone aufsetzen, die in ihrer Mitte von dem überkuppelten Turm der Wendeltreppe überragt wird. Dieser zentrale Baukomplex wird schließlich durch ein großes Geviert von Flügeln mit weiteren Ecktürmen umfangen *(Abb. 1 u. 11)*.

---

[5] a. a. O., p. 90, 94.
»Das Auge wird wie bei den compliciertesten gothischen Bauten durch diese Überschwenglichkeit vollständig verwirrt, und der unbefangene Beschauer muß sich gestehen, daß eine Architektur, welche die Hauptteile der Construction öder Nüchternheit preisgibt, um die untergeordneten Partieen auf's Ungebührlichste hervorzuheben, der Schönheit wie der Wahrheit den Rücken kehrt.« (p. 95).
[6] François Gebelin, Les châteaux de la Renaissance, Paris 1927, p. 72.
[7] p. 160.
[8] Leonardos Entwurf für das Schloß Romorantin wurde nicht ausgeführt und der sofort nach Regierungsantritt Franz I. 1515 begonnene Bau im Schloß Blois, in dem sich besonders im Treppenturm und in der später vorgelegten Arkaden-Fassade die Ambitionen des Königs äußerten, war nur ein Bauteil innerhalb eines älteren Schloßkomplexes, der nochzumal Franz I. nur auf dem Wege der Erbschaft zugekommen war.
[9] Siehe bei J. Feray, Chambord aménagements récents, Les monuments historiques de la France, 4, 1976, p. 45. Hier ist die Statistik von Dimier zitiert. 1540 fand in Chambord der erste von fünf Aufenthalten Franz I. statt. Der längste Aufenthalt 1545 dauerte 7 Tage. Nach Dimier sollen es 36 Tage gewesen sein. Louis Dimier, Fontainebleau, édition revue et complétée par Boris Lossky, Paris 1967, p. 29.

Die Erscheinung des Bauwerkes ist im Grundmuster symmetrisch, in der Verwendung von Einzelformen aber unsymmetrisch. Die rationalen Momente der Architektur stammen aus dem italienisch orientierten Entwurf und beschränken sich beim ausgeführten Bau im Grunde auf den regelmäßigen Grundriß und im Aufriß auf die Türme, die Mittelachse und die Aufbauten für den Treppenturm. Die Fenster sind unregelmäßig geöffnet. Mit ihnen haben sich auch die Gauben verschoben, unsymmetrisch stehen die hohen Kamine. Der ästhetische Eindruck kann kaum gewollt sein, er ist vielmehr das Resultat der Balance einer Fülle von Einzelformen untereinander. Darin liegt der Reiz des Baues.

Verschiedene Fragen sind zu behandeln, die die verwickelte Planung und die ebenso komplizierte Baugeschichte betreffen. Die nicht zu verwirklichenden architektonischen Phantasien Filaretes gehen Chambord voraus. Die Beschreibung des Palastes des Apolidon aus dem Lieblingsroman Franz I., dem »Amadis de Gaule«, nimmt das Thema Chambord wieder auf. Dazwischen steht – zeitlich gesehen – das erste große Königsschloß, das zu seinem Verständnis einer Deutung bedarf.

Darum soll eine neuerliche Analyse des Schlosses von Chambord, des überlieferten Modells sowie des ausgeführten Baues und die Untersuchung der in ihm zum Ausdruck gebrachten Ikonologie eine neue Antwort auf die vielfältigen Fragen zu geben versuchen, die dieses Werk seit seiner Errichtung allen Betrachtern gestellt hat. Dabei soll dieses außergewöhnliche Bauwerk aber auch im Kontext der führenden geistigen Ideen der Zeit gesehen und verstanden werden.

---

* Ergebnisse der vorliegenden Arbeit konnte ich im Rahmen einer Austauschprofessur im Jahre 1978 am Centre d'Etudes Supérieures de la Renaissance der Universität Tours in Vorlesungen darstellen.
Ein Beitrag zum Kolloquium »L'escalier dans l'architecture de la Renaissance« am gleichen Institut der Universität Tours, im Mai 1979, mit dem Titel »L'iconographie de l'escalier de Chambord« wird in den Akten dieses Kolloquiums veröffentlicht.
Die seit Jahren vorbereitete Untersuchung zur Geschichte der französischen Schloßbaukunst der ersten Hälfte des 16. Jahrhunderts, die in Zusammenarbeit mit Studenten eines Ober-Seminars entsteht, wird in der gleichen Reihe »Frankfurter Forschungen zur Kunst« demnächst erscheinen.

DAS MODELL DES DOMENICO DA CORTONA
IN DEN ZEICHNUNGEN FÉLIBIENS

André Félibien, Sieur des Avaux et de Javercy (1619–1695), Architekt und Historiograph, hat das bis ins ausgehende 17. Jahrhundert in einem Hause in Blois erhaltene Modell des Domenico da Cortona[1] in vier Zeichnungen überliefert, einem Grundriß und drei Aufrissen (Abb. 4, 5, 8, 13)[2]. Daß Domenico da Cortona der Autor des Modells war, scheint durch eine Ordonanz Franz I. beglaubigt zu sein.

Wir wissen, daß schon König Charles VIII. von Kardinal Girolamo della Rovere ein Modell für seinen Palast durch Giuliano da Sangallo 1495 oder 1496 in Lyon übergeben wurde[3], und wissen, daß es in Frankreich zu dieser Zeit Brauch war, Modelle anfertigen zu lassen[4]. Das Modell für Chambord bleibt aber das einzige Modell eines Profanbaues dieser Zeit, das uns – wenigstens durch Zeichnungen – überliefert ist. Domenico da Cortona selbst hat laut Ordonnanz Franz I. viele weitere Modelle geschaffen[5]. Modelle

---

[1] J. Bernier, Histoire de Blois, Paris 1682, p. 83. Gebelin, a. a. O., p. 69 u. Anm. 15. Pierre Lesueur, Domenique de Corton dit Le Boccador, Paris 1928.

[2] André Félibien, Mémoires pour servir à l'histoire des maisons royalles et bastiments de France, 1681, Paris 1874, ed. A. de Montaiglon, p. 28–29.

[3] Giorgio Vasari, Le vite de' più eccellenti pittori, scultori e architettori, ed. Club del Libro, IV, Milano 1963, p. 44. Der Palast im Modell war »capace per lo allogiamento di tutta la sua corte«.

[4] Lesueur, a. a. O., p. 41. Anm. 1.
Vgl. Reallexikon zur deutschen Kunstgeschichte, I, 1937, Stichwort: Architekturmodelle, Sp. 925 f., Sp. 939.
Einem Brief des Gentile Becchi, Bischof von Arezzo, aus dem Jahre 1493 läßt sich entnehmen, daß Charles VIII. für Baumaßnahmen in Amboise ein Modell des Schlosses hat anfertigen lassen. »Comincia a dare disegni di muraglie a ci fece mostrare suo modello per uno castello fà a Amboise, la quale vuole fare città, ...« Abel Desjardin, Négotiations diplomatiques avec la Toscane, I, Paris 1859, p. 339 ff. Diesen Hinweis verdanke ich Gloria Schieback.
Sicher wurden auch Bauzeichnungen angefertigt. In seinem Premier tome de l'architecture (fol. 21) empfiehlt Philibert Delorme für wichtige Bauten nicht nur ein Modell, sondern mehrere anfertigen zu lassen, um sich über die Wirkung der Architektur Klarheit zu verschaffen. Den Gesamtplan von Saint Maur in den Plus excellents bastiments de France hatte Ducerceau nach einem Modell gezeichnet, siehe dort den Text zu dieser Abb.

[5] »Don à Domenique de Courtonne, architecte[ur] de la somme de 900 livres pour le récompenser de plusieurs ouvrages qu'il a faits depuis quinze ans, de l'ordonnance du roi, tels que les plans en relief en bois des villes et château de Tournay, Ardres, Chambord, ponts sur des rivières, moulins à vent etc.« Die Ordonnance ist 1532 zu datieren.
Collection des Ordonnances des Rois de France, Catalogue des actes de François Ier, VII, Paris 1896, p. 675 f. Nr. 28216. Leicht abweichender Text aber gleichen Inhalts: Léon Laborde, Les comtes des bâtiments du roi (1528–1571), II, Paris 1880, p. 204.
Von den übrigen genannten Modellen haben wir keine Überlieferung. Vgl. Lesueur, a. a. O., p. 62.

waren folglich bekannt und in der Zeit Franz I. auch in Brauch. Das Modell für Chambord war Ende des 17. Jahrhunderts verschmutzt und zerbrochen, berichtete Félibien. »Nach den restlichen Stücken, die man zusammengetragen hat, hat man so gut wie möglich einen Grundriß und Aufriß erstellt, aus denen die Absicht des Architekten und der Unterschied zum errichteten Bau erkennbar sind.« Es erscheint möglich, daß sich Félibien selbst gemeint hat, als er schrieb, »on en a fait le plan«, das heißt seine 1911 von Lesueur erstmals veröffentlichten ›großformatigen‹ Zeichnungen, die sich im Schloß Cheverny befinden (Abb. 4, 5, 8, 13). Die beiden Seitenansichten des Modells waren offenbar gleich, so daß sich Félibien auf die Wiedergabe nur einer Seite des Modells beschränken konnte (Abb. 5). Entscheidend ist aber, daß wir mit den Zeichnungen nicht ganz und gar den Originalzustand überliefert haben, denn obgleich das Modell ›ganz gut‹ ausgeführt war, war es stark beschädigt und mußte für die zeichnerische Darstellung ergänzt werden.

Das Modell für Chambord zeigt in den Zeichnungen Félibiens einige Ungereimtheiten und ist in einigen Teilen offenbar nicht vollständig gewesen. So sind im Grundriß (Abb. 13) nur die Appartements in den vier Ecken des Vestibüles eingetragen, nicht aber die in den vier Türmen. Die Appartements sind bis auf die zwei auf der rechten Seite des Eingangsvestibüles, die sich annähernd spiegelbildlich entsprechen, in ihrer Raumaufteilung unregelmäßig, und selbst die beiden sich entsprechenden Appartements haben ihre Türen bis auf den Eingang vom Vestibül her an unterschiedlichen Stellen. Zwei Eingänge im linken und rechten hinteren Appartement sind sogar schräg durch die Wand geführt. Schon hier beginnt das ›Versteckspiel‹, das Viollet-le-Duc am ausgeführten Bau so treffend gekennzeichnet hat. Keiner der 12 Räume, die an das Vestibül grenzen, ist gleich groß.

Auf der Eingangsseite sind nach dem Modell, im Vergleich zur Haupttreppe, nur halb so lange Treppenläufe eingetragen. Die Anzahl der Stufen liegt jedoch mit etwa 22 Stufen nicht weit unter der Zahl der Stufen der Haupttreppe (um 34 Stufen); diese Treppen führten in die Zwischengeschosse des Donjon[6]. Sie hätten die Hälfte der Breite der für den Donjon auf zwei Seiten vorgesehenen Vestibüle eingenommen.

In den hinteren Türmen sind zwei Wendeltreppen vorgesehen, im linken Turm innerhalb, im rechten außerhalb des Donjongevierts. In diesem Falle ließe sich die Unregelmäßigkeit vielleicht als Alternativentwurf verstehen, aber die Wendeltreppen in den beiden Türmen ergänzen die Haupttreppe und die Nebentreppen und verbinden die Appartements der verschiedenen Stockwerke in den Türmen miteinander.

Die im Modell vorgesehenen flachen Wandvorlagen neben dem Eingang, die im Aufriß in unterschiedlicher Höhe je ein kleines rundbogiges Fenster enthalten (Abb 8), lassen sich nach Félibiens Zeichnung nicht sinnvoll erklären, wie überhaupt Félibien alle Wände ungewöhnlich dünn gezeichnet hat. Félibien spricht bei diesen Wandvorlagen

---

Desgleichen hatte Domenico da Cortona außer verschiedenen Zeichnungen auch ein Holzmodell für das von ihm entworfene Hôtel de Ville in Paris angefertigt. Lesueur, a. a. O., p. 97.

[6] Die Tradition der schmalen, steilen, geradläufigen Treppen hat sich über Villers-Cotterêts bis zum Louvre in der königlichen Schloßbaukunst erhalten.

von einer ›Art kleiner Türme‹. Diese dreiseitig vorspringenden Türmchen sollten wohl als weitere Treppenhäuser dienen.

Einen wesentlichen Unterschied zeigen die eine Seiten- und die Hofansicht des Donjon: auf sieben Arkaden zwischen den Türmen ist die Hofansicht berechnet *(Abb. 8)*, auf nur sechs die Seitenansicht *(Abb. 5)*. Auch die Hof- und die Wasserseite *(Abb. 4)* unterscheiden sich wesentlich. Zuerst wäre zu nennen, daß die Wasserseite die Hauptschauseite sein sollte, wie das im Modell vorgesehene Reiterstandbild beweist; diese Seite ist in Félibiens Zeichnung aber nur in zwei Geschossen wiedergegeben. Hat er das Modell getreu abgezeichnet, so wäre zu vermuten, daß das Modell wegen der besseren Einsicht in die Einteilung des Hauptgeschosses hier nur zweigeschossig ausgeführt gewesen wäre und die Form des dritten Geschosses vielleicht der der gegenüberliegenden Seite hätte entsprechen sollen. Für die Hauptschauseite *(Abb. 4)* fehlen allerdings die über das Gesims bis in die Arkadenzwickel des ersten Geschosses verlängerten Pilastersockel, aber auch das hätten geübte Bauführer leicht ergänzen können. Wir werden aber davon auszugehen haben, daß das Modell keineswegs die einzige Vorlage für den König und die Bauführer sein sollte. Weitere Entwürfe für Chambord werden neben dem Modell in der Lokalliteratur in Blois genannt[7]. Ja wir können annehmen, daß das Modell, das man in der Literatur bisher viel zu absolut gesehen hat, ein Stadium repräsentiert, in dem die Diskussion über die Anlage schon fortgeschritten aber noch im Gange war. So ließe sich auch erklären, daß Alternativlösungen im Modell noch vorhanden sind.

Man wird nicht ohne weiteres behaupten können, daß die verschiedene Gestaltung von Hof- und Schaufassade in ihrer unterschiedlichen Reliefierung, insbesondere der Arkaden im Hauptgeschoß, als Alternativlösungen gemeint waren. Es ist aber darauf hinzuweisen, daß die bis in die Arkadenzwickel des Untergeschosses reichenden Konsolen der Pilaster des Hauptgeschosses an der Hoffassade ein Geschoß höher dargestellt sind.

Die Seitenansicht stimmt in der Verbindung der ersten beiden Geschosse mit der Hoffassade annähernd überein. Wieso sollten dann an den sich entsprechenden Teilen der Hof- und der Hauptfassade die verbindenden Glieder ein Geschoß tiefer gerutscht sein? Es erscheinen zu viele Widersprüche, als daß man geneigt sein könnte, sie als Vorschlag für verschiedene Seitenansichten hinzunehmen. Das Modell scheint auf unterschiedliche Gliederungsmöglichkeiten der Fassaden hinzuweisen, falls hier nicht das Modell wegen fehlender Teile fälschlich rekonstruiert wurde. Jedenfalls bieten sich die Hauptschauseiten reicher ornamentiert als die Nebenseiten.

Im Grundriß fehlen bei Félibiens Zeichnungen die Angaben für die Innenraumgestaltung der Türme. Das ist deshalb merkwürdig, weil die Fenster der Türme zumindest im obersten Geschoß – und bei der nur zweigeschossig überlieferten Hauptschauseite im Hauptgeschoß – je nach den Bedürfnissen der Innenräume unterschiedliche Größe haben.

---

[7] J. Bernier, a. a. O., p. 83. »Il y a encore à Blois chez quelques particuliers des plans de tout l'edifice, mais ils ne sont conformes ni au modele dont nous venons de parler, ni aux desseins qu'on voit dans Ducerceau.«
Félibien schreibt, daß Franz I. »fist faire plusieurs desseins pour le bâtiment avant que de rien entreprendre«. André Félibien, Mémoires pour servir à l'histoire des maisons royales et bastiments de France, 1681, Paris 1874, ed. A. de Montaiglon, p. 27.

Von den zwölf Arkaden, die die Türme umschließen, sind in Félibiens Ansichten jeweils sechs zu sehen; sie sind im Untergeschoß um den gesamten Bau geöffnet bis auf die zwei Arkaden links und rechts der Front des Treppenhauses, vor denen die Türmchen liegen, und den mittleren Ausgang zum Wasser.

Im Hauptgeschoß sind diese Arkaden auf der Eingangsseite bis in ihre Bögen hinein verglast vorgesehen *(Abb. 8)*, wie es nur noch auf der Wasserseite *(Abb. 4)* in den mittleren sechs Arkaden gezeichnet ist. Die Seitenansicht *(Abb. 5)* zeigt ebenfalls verglaste Arkadenbögen, aber mit rechteckigen, sehr flach gewölbten, anstelle von halbrunden Fenstern. Also auch hier wieder ein Vorschlag für eine Alternative?

Bemerkenswert ist noch, daß die Schaufassade zum Wasser die durch größere und kleinere Fenster geschlossenen Arkaden im Hauptgeschoß und nicht, wie sonst im Modell vorgesehen, im Obergeschoß hat.

Daß das mittlere Geschoß das Hauptwohngeschoß sein sollte, darauf mag die hier zur Wasserseite gelegene Kapelle hinweisen, die an ihren Maßwerkfenstern in der Fassade zu erkennen ist *(Abb. 4)*. Wenigstens an dieser Stelle hätte das Modell einen Hinweis auf die geplante Grundrißeinteilung der Türme enthalten können.

Die Fülle von Widersprüchen in der Fassadengliederung der drei Seiten des Schlosses im Modell läßt sich, abgesehen von der späteren Rekonstruktion des beschädigten Modells, wohl nur durch die Absicht erklären, auch noch in einem so fortgeschrittenen Planungsstadium verschiedene Gliederungsmöglichkeiten der Geschosse vorzustellen.

DAS MODELL UND DER AUSGEFÜHRTE BAU

Sieht man in den Zeichnungen Félibiens eine annähernd getreue Überlieferung des Modells, so wäre der Grundriß des Donjon in diesem Modell, wie der des ausgeführten Baues[1] *(Abb. 11)* quadratisch gewesen. Die Größe des Modells wird in der alten Literatur mit 4 Fuß auf jeder Seite angegeben, die Höhe mit 1½ Fuß, also etwa 130 cm Quadrat und etwa 50 cm hoch[2].

---

[1] 1 Fuß = 0,3248 m.
[2] Die Baugeschichte, so wie sie durch Dokumente und im Vergleich mit den architektonischen Einzelformen rekonstruiert worden ist, stellt sich nach François Gébelin (Les châteaux de la Renaissance, Paris 1927) und Frédéric Lesueur (Les dernières étapes de la construction de Chambord, Bulletin monumental 109, p. 7–39) etwa folgendermaßen dar: Am 6. September 1519 beauftragt Franz I. François de Pontbriant mit der Oberaufsicht (surintendance) des Baues. Zwischen Juli 1524 und September 1526, während des Feldzuges nach Italien, der Schlacht von Pavia und der spanischen Gefangenschaft des Königs ruhten die Bauarbeiten. Da nirgendwo durch Embleme, Devisen oder Initialen auf die erste Frau Franz I., Claude, verwiesen wird, möchte man annehmen, daß der Bau bis zu ihrem Tode am 20. Juli 1524 noch nicht weit gediehen war. Jedenfalls ist bekannt, daß die Fundamentierungsarbeiten in dieser sumpfigen Gegend besonders zeitraubend und sehr kostspielig waren. Somit kann man annehmen, daß die umfangreichen Bauarbeiten erst mit der Wiedereröffnung der Bauhütte Ende des Jahres 1526 begonnen haben. Wie etwa bei den großen Bauvorhaben Karls VIII. in Amboise werden auch in Chambord Zahlen für die hier tätigen Arbeitskräfte genannt: es sollen 1800 Arbeiter über zwölf Jahre an dem Bau tätig gewesen sein. Allein die Länge der Parkmauer betrug 32 Kilometer; sie umschloß 5525 Hektar.
1519 hatte man mit den Fundamentierungen und dem Donjon begonnen. Einige Kapitelle der Laterne der mittleren Wendeltreppe tragen die Jahreszahl 1533. 1534 werden die Dächer des Donjon eingedeckt. Nach Lesueur ist der Donjon etwa 1538 vollendet worden. Änderungen während des Baues sind zwischen dem Erdgeschoß und dem 1. Geschoß des Donjon festgestellt worden; die beiden Hauptfassaden sollten jeweils ein avant-corps erhalten.
Die Bauten um den Donjon wurden offenbar in einer zweiten Bauphase errichtet, das Erdgeschoß des Ostflügels 1539 und 1540, das corps de logis dieses Flügels (bis 1542) sowie die Galerien als Verbindung zum Donjon. Gleichzeitig wurde der Westflügel errichtet (1540–43 etwa). 1544 schloß man die oberen Partien des Ostflügels ab und errichtete 1545–46 die Treppe Franz I. am Ostflügel und baute am Westflügel weiter mit dem ersten Geschoß, der Wendeltreppe und den Galerien zum Donjon. 1547–49 etwa wurden diese Arbeiten mit dem zweiten Geschoß abgeschlossen und die schon unter Franz I. begonnene Kapelle im Nordwestturm eingedeckt (1550). Die Bautätigkeit ging also nahtlos nach dem Tode Franz I. unter seinem Sohne und Nachfolger Heinrich II. weiter. Die letzten größeren Baumaßnahmen ergriff Ludwig XIV., der Chambord wieder als Jagdsitz bevorzugte und angeblich zu neun Aufenthalten nach Chambord gekommen sein soll, also öfter als der ursprüngliche Bauherr Franz I. Die Namen der Bauführer werden hier nicht im einzelnen aufgezählt, da es sich überwiegend um sonst wenig bekannte und für die Planung kaum kreative Kräfte gehandelt hat.

Die Unterteilung der Appartements ist zwar als Raumgruppe, nicht aber in ihren Proportionen in den ausgeführten Bau übernommen worden. Ein Raum ist, jeweils schon im Turmsegment liegend, den Appartements zugeschlagen worden. Das Verwirrspiel der Eingänge ist zugunsten symmetrischer, sich in den gegenüberliegenden Appartements entsprechenden Zugängen organisiert worden; auch gibt es keine Eingänge, die schräg durch die Wand geführt sind, wie das Chambiges noch in Challuau praktiziert und selbst noch Ducerceaus Grundriß für Charleval zeigt. Die im Modell vorgesehenen Wendeltreppen in den Türmen wurden ausgeführt und zusätzlich kleine Wendeltreppen für jedes Appartement eingebaut (Abb. 11), um die doppelgeschossigen Chambres und Cabinets miteinander zu verbinden; auch diese Treppen entsprechen sich nicht symmetrisch.

Für die Türme des Donjon sah das Modell jeweils zwölf Arkaden vor. Die Seiten des Donjon wurden von der Hälfte, also jeweils sechs Arkaden, geöffnet und die Hauptseiten um eine Arkade auf sieben erweitert (Abb. 4 und 6), um so die Mitte des Baues betonen und vor allem das Reiterstandbild auf der Wasserseite in der Achse vorsehen zu können.

Im ausgeführten Bau sind nach allen Seiten sieben Achsen angelegt worden.

Für den Innenraum hätte die ungleiche Zahl von Arkaden an den Seiten bewirkt, daß im Gegensatz zu den Hauptschauseiten und der Hauptachse jeweils eine Stütze in der Mitte der Vestibülarme der Querachse gestanden hätte.

Der Entwurf des Modells bot den Vorteil, daß man über den Haupteingang durch die breiten Korridore und durch die Arkaden sowohl auf der Hof- wie auf der Wasserseite bequem in die Türme gelangen konnte[3]. Im ausgeführten Bau sind in den Obergeschossen schmale Korridore, die auch nicht auf beiden Seiten ganz durchgeführt sind, an die Seiten des Donjon gerückt. Sie dienen an einer Seite als Verbindung der sich in den Türmen gegenüberliegenden Appartements, ähnlich wie in Challuau und La Muette um 1542. Im ausgeführten Bau liegen auch nur dort die offenen Arkaden.

Die wesentlichsten Veränderungen, die sich zwischen dem überlieferten Konzept im Modell und dem ausgeführten Bau feststellen lassen, sind:

1. Verzicht auf die gradläufigen Treppen sowohl der Haupttreppe wie der Nebentreppen und Einsetzung der kolossalen doppelläufigen Wendeltreppe in das Achsenkreuz, die den Bau mit großer Laterne hoch überragt.
2. Verzicht, die Kapelle in einem Turm des Donjon anzulegen; sie wird in den westlichen Außenturm verlegt.
3. Verzicht auf das Reiterstandbild des Königs im Arkadenbogen des Hauptgeschosses der Schauseite.
4. Verzicht eines Verbindungsganges zwischen den Appartements der Türme an der Hoffront und an der Hauptschauseite zum Wasser hin.

Folgende grundlegende Gedanken sind beibehalten worden:

1. Der quadratische Grundriß mit vier Ecktürmen.
2. Die Kreuzarme im Quadrat.

Für italienische Einflüsse bei der Gestaltung Chambords siehe zuletzt: Jean Guillaume, Léonard de Vinci et l'architecture française, I. Le problème de Chambord, Revue de l'art Nr. 25 1974 p. 76 ff.

[3] Nach dem Modell sollten die Korridore zum Eingangsraum hin abgeschlossen sein.

3. Die Grundeinteilung der Appartements.
4. Die Arkaden. Sie sind jedoch nur an den Stellen ausgeführt, an denen Gänge die Türme mit dem Mittelgang verbinden.
5. Die Kapelle wird wiederum in einem Turm untergebracht.

Der obere Abschluß des Baues scheint im Modell nicht dargestellt gewesen zu sein, denn in Félibiens Zeichnungen ist noch viel glatte Wand über den Arkaden des Obergeschosses gezeichnet, wo eigentlich schon das Kranzgesims begonnen haben müßte. Vielleicht hätte hier ein Dachmodell aufgepaßt werden können. Es bleibt aber fraglich, ob zu diesem Modell jemals eine Dachzone gearbeitet worden ist. Da es im Modell keine Fenstercorps gibt, das heißt, die in der Horizontale durch größere Wandflächen getrennten, in der Vertikale übereinandergelegten Fenster, über denen dann die Gaube folgt, könnten auf dem Dach eigentlich auch keine Gauben vorgesehen gewesen sein. An dieser Stelle des Baues wurden jedoch wichtige Entscheidungen getroffen: Das Dach des Donjon wird zu einer Terrasse ausgebaut[4], und die meisten Hoheitsformen der Architektur sind in die Dachzone verlegt; neben den Turmhelmen sind es die über zwei Geschosse reichenden aufwendigen Gauben, die hohen, zum Teil ebenfalls mit architektonisch reich gegliederten Nischen versehenen Kamine und vor allem die weitaufragende, mit zwei Laternen überkuppelte Wendeltreppe. Diese Hoheitsformen liegen, ganz in der Tradition mittelalterlicher Schlösser, vor oder über den Dachkammern. Es ist sozusagen der zweite Teil des Schlosses über den drei Wohngeschossen des Donjon. Für dieses komplizierte, in den Einzelformen gänzlich asymmetrische Dachgeschoß müssen detaillierte Pläne ausgearbeitet worden sein.

Das Modell stellt nur den Kernbereich des gesamten Schlosses dar. War ursprünglich nicht mehr als nur der Donjon geplant? Die Frage läßt sich nicht schlüssig beantworten. Man kann nur sagen, daß sich die an den Donjon anschließenden ›Galerietrakte‹ mit ihrem Walmdach und in ihrer Höhe des Obergeschosses von den Türmen absetzen und niedriger sind als die ebenfalls mit einem Walmdach sich gegen die Ecktürme absetzenden Seitenflügel (Abb. 2). Aber auch das will nicht viel besagen, da man in dieser Zeit im allgemeinen noch in Einzeltrakten, einzelnen Flügeln, denkt und baut.

Daß die im Modell in einem Turm des Donjon vorgesehene Kapelle in den Nordwestturm verlegt wurde, ist eine eingreifende Planänderung. Dieser Entschluß konnte nach Vorlage des Modells gefaßt worden sein, kann aber schon vor Baubeginn festgestanden haben, also eine Änderung während der Planungszeit gewesen sein. Der spätere Anbau des Oratoriums oder sogenannten Kabinetts an dem Nordostturm kann im Zusammenhang mit dem Entschluß gefaßt worden sein, das Appartement des Königs aus dem Zentrum der Anlage in den Nordostturm zu verlegen (Abb. 11)[5]. Die italienische Haupttreppe wird durch den traditionellen Treppenturm ersetzt, der in seiner dominierenden Form als Hoheitszeichen das Zentrum der Anlage einnimmt (Abb. 12 und 15).

---

[4] Flachdächer sind nicht nur bei Verteidigungstürmen Brauch gewesen. Auch die Wendeltreppe in Blois z. B. hat ein flaches Dach, von einer Balustrade umgeben, um so ebenfalls als Aussichtsplatz benutzt werden zu können.

[5] Später hat der Sohn Franz I. und sein Nachfolger auf dem Thron die Kapelle im Nordwestturm vollendet, und es scheint, als hätte er sein Appartement als symmetrische Entsprechung des Wohnkontraktes seines Vaters verstanden, wie er auch seinen Treppenturm – wohl ursprünglichen Plänen entsprechend – symmetrisch zu dem seines Vaters errichtete.

So scheint der gesamte Entwurf von Chambord einer vorgefaßten Vorstellung des Königs zu entstammen, die aber erst nach und nach in den verschiedenen Planungsstufen Gestalt gewonnen hat. Wesentliche praktische Bedürfnisse wurden in der Planung erst nachträglich berücksichtigt. An eigens für diesen Zweck bestimmte Wirtschaftsräume und Küchen scheint man allerdings nicht gedacht zu haben; derartige Räume lassen sich weder im Modell noch durch besondere Grundrißformen im ausgeführten Bau erkennen, sind schließlich aber im linken hinteren Appartement im Erdgeschoß des Donjon eingerichtet worden *(Abb. 11)*[6].

Eine Idealvorstellung bestimmte die gesamte Planung vom Grundriß des Donjon bis hin zum reichen Schmuck der Lukarnen und Kamine. Das wird erst verständlich, wenn man die Entwicklung und gleichzeitig die ikonographische Bedeutung der einzelnen Formen verfolgt.

---

[6] Vom Eingang gesehen liegen die Küchenräume im linken hinteren Appartement des Donjons, d. h. in der Nordwestecke. Erhalten sind hier Kamine, Herd, Backofen und ein Bassin (Fischbassin?). Siehe den Grundriß vom Erdgeschoß (Abb. 11).

DER GRUNDRISS DES SCHLOSSES

Wir müssen wohl von der Vorstellung ausgehen, daß das von Domenico da Cortona verfertigte Modell nur einen Teil des geplanten Schlosses, und diesen auch noch mit Alternativlösungen versehen, wiedergibt, also nur einen Teilbereich des Schlosses im Zustand der Planung, denn für den gesamten Komplex von Chambord dürfte gerade die Frage nach der Größe der Anlage deshalb besonders wichtig gewesen sein, weil hier umfangreiche Fundamentierungsarbeiten erforderlich waren. Gerade die lange Zeit, die man auf die Fundamentierung verwendete, legt nahe, daß nicht nur eine »maison de plaisance« in der Größe des Donjon von 43 mal 43 Meter vorgesehen war, sondern gleichzeitig die den Donjon umfassenden Corps de logis und »Galerien« in den Maßen 156 mal 117 Meter bei der Fundamentierung mitberücksichtigt wurden. Denn man mußte schließlich feste Mauern errichten, die das Schloß gegen das umgebende Wasser absicherten, und diese Arbeiten sind sicherlich schwierig und langwierig gewesen. Eine Planänderung an dieser Stelle hätte nicht auszudenkende neue Planungen, Ausgaben und Arbeiten zur Folge gehabt. Aber nur Grabungen um den Donjon könnten hier Gewißheit bringen. Um ihn müßte ein den Bau zum Wasser abschirmender Sockel gefunden werden, dann erst wäre bewiesen, daß er ursprünglich als einziger Komplex geplant und begonnen worden war. Das aufgehende Mauerwerk des Donjon scheint gegen eine solche Vermutung zu sprechen. Also müssen wir von dem gesamten uns heute erhaltenen Komplex als verwirklichter Bauidee Franz I. ausgehen. Wir haben deshalb nach möglichen Vorbildern für die Grundrißkonzeption Chambords zu fragen.

Es ist schon mehrfach in der Literatur auf eine Ähnlichkeit des Grundrisses von Chambord mit dem des Schlosses von Vincennes hingewiesen worden: ein großes von Mauern und Türmen befestigtes Geviert, an dessen einer Seite der Donjon diese Mauern durchbricht, ersetzt und in der Ansicht den entscheidenden Akzent der Anlage ausmacht (Abb. 10). Der Donjon in Vincennes wird aus einem an seinen vier Ecken mit Türmen besetzten Geviert gebildet, geradeso, wie es in Chambord der Fall ist, und beidemal ist der Donjon der eigentliche Wohnbau, nur daß in Chambord – wie ich meine nach einer Änderung während der Planung – das königliche Appartement aus dem Donjon in einen Flügelteil und angrenzenden Turm verlegt wurde. Daß der Donjon in Vincennes selbst noch einmal von Wasser umgeben ist, stellte eine besondere Sicherung zur Verteidigung dar, die in Chambord weder notwendig gewesen ist noch für das höfische Leben zur Zeit Franz I. praktisch gewesen wäre. Welchen Grund aber mag die Anlehnung an die Konzeption eines Schlosses des Mittelalters gehabt haben? Vincennes war königliches Schloß, der Ort war mit dem Namen Ludwigs des Heiligen verbunden, und einer seiner großen Bauherren war Karl V., genannt der Weise. Es hat den Anschein, als würde sich Franz I. bewußt auf Vorbilder seiner großen Vorfahren als Könige von Frankreich bezogen haben und mit ihnen nachträglich in Wettstreit getreten sein[1], wenn man die übrigen, ebenfalls traditionellen Motive der französischen Schloßbaukunst, die in Chambord verwandt worden sind, mit in Betracht zieht. Dazu gehört vor allem der Treppenturm, der schließlich – sicher auf persönlichen Wunsch Franz I. – die noch im Modell vorgesehene hochmoderne italienische Treppe ersetzen mußte.

Noch immer wird man davon auszugehen haben, daß die neue Raumgruppierung der Appartements im Donjon, die von der traditionellen französischen Raumreihe abweicht, im Grundriß von Poggio a Caiano ihr Vorbild hat. Im ausgeführten Bau scheinen diese Appartements an den Kreuzarmen wie der gesamte Donjon im Grundriß nach den Proportionen des Goldenen Schnitts angelegt worden zu sein, wobei die kleinen Räume chambre und cabinet in jedem Stockwerk zwei Geschosse haben und durch Wendeltreppen unter sich verbunden sind. Die Doppelgeschossigkeit dieser Räume war schon im Modell des Dominico da Cortona vorgesehen, wie die kurzen Treppen in den Korridoren der Hof- und Wasserseite beweisen (Abb. 13). Auch die Kreuzarme scheinen ebenfalls in Länge und Breite im Verhältnis zum Donjonquadrat nach den Proportionen des Goldenen Schnitts angelegt zu sein[2].

Félibien spricht in seiner Beschreibung Chambords von vier Pavillons[3]. In der Tat unterteilt das Achsenkreuz in der Mitte des Baues den Donjon in vier in sich vollkommene Teile. Über drei Geschosse liegt dieses Achsenkreuz im umbauten Raum, darüber wird es ein Achsenkreuz unter freiem Himmel, das von vier, je für sich eingedeckten Pavillons begrenzt wird. Man hat von einer Stadt auf dem Dach Chambords gesprochen, und bei jedem Betrachter wird sich dieser Eindruck einstellen. Ob bewußt oder unbewußt entstanden, manifestiert sich hier die von Platon geäußerte und in der Frührenaissance in Traktaten wieder aufgegriffene Vorstellung der Vergleichbarkeit von Stadt und Haus. Auch das Schloß Vincennes wurde schon von den Zeitgenossen als Modellstadt angesehen[4].

---

[1] In diesem Sinne wurde Chambord auch verstanden, wie die Gegenüberstellung der Ansichten von Chambord auf der einen und Vincennes und Louvre auf der anderen Seite in der Mitte der Galerie des Cerfs in Fontainebleau bestätigt.
[2] Diese Proportionen sind innerhalb eines Oberseminars von Herrn Wolfgang Metternich erkannt worden. Ausreichend genau vermessene Pläne, wie etwa die neuerdings angefertigte Fotogrammetrie lagen uns jedoch nicht vor. Nach Lesueur mißt der Donjon ein Drittel der Länge und die Hälfte der Breite der Umfassungsbauten. Die Appartements des Donjon und die Türme haben die doppelte Breite der Vestibüle.
[3] André Félibien, Mémoires pour servir à l'histoire des maison royalles et bastiments de France, ed. Paris 1874, p. 39.
[4] Mit Literatur: W. Liebenwein, Studiolo. Die Entstehung eines Raumtyps und seine Entwicklung bis um 1600, Berlin 1977, 37, 178 Anm. 58.

DER TREPPENTURM

Die Doppelläufigkeit der Wendeltreppe von Chambord hat stets das größte Interesse beansprucht. Wesentliches Merkmal der Wendeltreppe von Chambord ist jedoch die offene Spindel in ihrer Mitte[1] *(Abb. 26)* und ihre Krönung durch eine Kuppel über hoher Laterne *(Abb. 25)*.

In einem Schloß oder Palais sind für die Kommunikation immer mehrere Wendeltreppen nötig. Im Hotel Jacques Coeurs zum Beispiel sind es sieben. Die meisten dieser Treppen bleiben in Größe und Aufwand bescheiden, während eine von ihnen zu einem prächtigen Treppenturm ausgebildet werden kann. Eine solche »Schautreppe« wird im allgemeinen so an ein corps de logis angelegt, daß sie zum größeren Teil im freien Raum steht und in der Ansicht als reich dekorierter oder auch in Aussichtsplätzen in mehreren Geschossen geöffneter Turm erscheint. Vielfach befindet sich ein Aussichtsplatz auf seinem Obergeschoß. In dieser offenen Form stellt der Treppenturm den Gegensatz zu mittelalterlichen Festungstürmen dar, die wesentlich zum Zwecke der Verteidigung errichtet wurden. Als Turm bleibt ihm auch späterhin stets etwas von seinem Festungs- und Hoheitscharakter erhalten. In der weitgehenden Auflösung seiner Wände nimmt er aber die Tendenz der Öffnung des Schlosses zum Freiraum auf. In seinem plastischen Schmuck hingegen dient er wesentlich der Selbstdarstellung des Bauherrn.

In der Sakralarchitektur wurde die Außenwandung von Wendeltreppen schon im Mittelalter durch Säulen ersetzt und so die Auflösung des Mauermantels erreicht[2]. Im Profanbau sind es erst die Wendeltreppen am Flügel Franz I. in Blois *(Abb. 14)* und im Schloß Chambord *(Abb. 15)*, die derart die Struktur des Turmes bestimmen, daß sie selbst den Turm bilden. Hier läßt sich im besonderen Sinne von einem *Treppen*turm sprechen. Nicht mehr eine Wand, sondern nur noch acht Stützen tragen zusammen mit der Spindel die Wendeltreppe. Damit hat dieser Typus seine fortgeschrittenste Ausbildung im Steinbau erfahren[3].

Beispiele der deutschen wie der französischen Architektur zeigen, daß der Treppenturm in seiner komplizierten Konstruktion oder in seinem reichen Schmuck auch eine Form von Hoheitszeichen gewesen ist[4]. Man setzte den Treppenturm in die Mitte der

---

[1] Mit einem Durchmesser von 2,07 m.

[2] Siehe zuletzt: Friedrich Mielke, Die Geschichte der deutschen Treppen, Berlin, München 1966, p. 6 ff.

[3] Ohne jegliches Stück Wand kann der Bau einer Wendeltreppe in Holz auskommen, wie ein Beispiel in Chalon-sur-Saône belegt. Abb. in Hautecoeur, I, p. 53, fig. 40.

[4] Sowohl in den Residenzen von Meißen, der Albrechtsburg von 1471–1481, von Torgau, des Schlosses Hartenfels von 1535/36 und des alten Schlosses von Berlin, dessen Treppenturm 1538/40 errichtet wurde, wie auch im Rathausbau, etwa in Rothenburg ob der Tauber, kann der Treppenturm wegen seiner besonders reichen oder auch komplizierten Form als ein Hoheitszeichen verstanden werden.

Schauseite eines Schlosses *(Abb. 16)*, oft sogar über einen Altan, auf den geradläufige Treppen führen. In Frankreich ist dafür Pierrefond (1390–1407) ein kennzeichnendes, frühes Beispiel. Diese Form des repräsentativen Treppenturmes ist auch in Bürgerbauten übernommen worden[5].

In der französischen Architektur nimmt die von Raimond du Temple für Karl V. um 1365 errichtete Wendeltreppe des alten Louvre eine besondere Stellung ein *(Abb. 20 und 21)*. »La grande vis du Louvre«, im Jahre 1620 zerstört[6], ist insbesondere durch Sauvals Beschreibung nach Quellen bekannt, eine Beschreibung, die Viollet-le-Duc in sein »Dictionnaire raisonné de l'architecture« aufgenommen hat[7]. Nach der Rekonstruktion durch Viollet-le-Duc stand der über 20 Meter hohe Treppenturm vor dem corps de logis und war mit dem Donjon in der Mitte des Hofes durch eine offene und, darüberliegend, eine geschlossene Galerie verbunden *(Abb. 20)*. Über dem Kern der großen Wendeltreppe erhob sich die kleine, innere Wendeltreppe, die zu einer Aussichtsterrasse führte[8]. Außen – nach der Rekonstruktion von Viollet-le-Duc vor den Strebepfeilern – standen von oben nach unten in Nischen mit Konsolen und Baldachinen 10 Statuen, die Statuen des Königs, der Königin sowie die Statuen von deren Söhnen, des Herzogs von Orléans, des Herzogs von Anjou, des Duc de Berry und des Herzogs von Burgund usw. *(Abb. 21)*[9]. Außer den Statuen der Heiligen Jungfrau und des Johannes gab es an der Außenseite des Treppenturms einen Wimperg, der mit dem Wappen Frankreichs und unzähligen Lilien geschmückt war. Im Innern der Treppe standen neben den Eingängen in die Wohngemächer des Königs und der Königin Statuen von Türwächtern, und im zwölfrippigen Gewölbe der Wendeltreppe enthielten der Schlußstein die Wappen des Königs und der Königin und die Felder zwischen den Rippen die Wappen der Söhne[10].

Die Treppe war also der bevorzugte Ort für die Darstellung der Genealogie des Herrscherhauses, für die Darstellung von Wappen, Impresen und Devisen. Eines dieser hervorragenden Beispiele, die Treppe des Palais Ducal in Nancy, ist wenigstens noch durch Abbildungen überliefert *(Abb. 17)*[11].

---

[5] Siehe Friedrich Mielke, a. a. O., p. 61 ff., und Georg Friedrich Koch, Studien zum Schloßbau des 16. Jahrhunderts in Mitteldeutschland, Festschrift Rosemann zum 9. Okt. 1960, Deutscher Kunstverlag, o. J., p. 155 ff.

[6] Als Louis XIII die Bauarbeiten am Louvre wiederaufnehmen ließ.

[7] Viollet-le-Duc, Dictionnaire raisonné de l'architecture française du XIe au XVIe siècle, V, Paris 1911, p. 300 ff. Henri Sauval, Histoire et recherches des antiquités de la ville de Paris, Paris 1724, 3 Bde. (Wendeltreppe: II, p. 23).

[8] Die große Treppe soll 83, die kleine 43 Stufen gezählt haben.

[9] Nach Sauval standen die Statuen »sans ordre ni symétrie«.

[10] Die von Frau Whitley während des Kolloquiums »L'escalier dans l'architecture de la Renaissance« im Centre d'Etudes Supérieures de la Renaissance in Tours im Mai 1979 versuchte Rekonstruktion eines viereckigen, in das corps de logis eingeschobenen Treppenturmes konnte nicht überzeugen. Zum einen gaben die vorgestellten Grabungsbefunde von Berti nicht genügend Anhaltspunkte für ihre Rekonstruktion, zum anderen spricht Sauval von einer vor das corps de logis gestellten Wendeltreppe. Viollet-le-Ducs Rekonstruktion hat den Vorteil, daß sich die zehn Statuen, die nach Sauval außen am Treppenturm auf Sockeln und mit Baldachinen bekrönt standen, sinnvoll vor den Pfeilern der Treppe unterbringen lassen.

[11] Der Stich mit der Darstellung des Palais Ducal in Nancy von Deruet aus H. Lepage, Le

Ludwig XII. hat am großen Treppenturm seines Flügels in Blois nur kleine Reliefs mit dem gekrönten Stachelschwein und seiner Initiale außen anbringen lassen, sonst aber auf Wappen und Impresen verzichtet *(Abb. 22)*[12]. Im Innern dagegen wird die Treppe deutlich als Königstreppe gekennzeichnet, denn die französische Königskrone schmückt den Abschluß der Spindel *(Abb. 24)*. Zur gleichen Zeit ließ Charles II d'Amboise, maréchal de France, admiral et maître de la maison du roi über dem Eingang der großen Wendeltreppe in Chaumont, also nach außen hin sichtbar, sein Wappen anbringen und in einem großen Feld darüber die Devisen Ludwigs XII. und der Königin Anne de Bretagne *(Abb. 19)*[13].

In der noch reicheren, ganz mit Ornamenten überzogenen Tour du lion des Schlosses Meillant (Cher), die ebenfalls von Charles II d'Amboise errichtet wurde *(Abb. 18)*, sind neben dem großen Wappen über der Tür, im Obergeschoß verschlungene »C« und Flammenberge, Initialen und Imprese der Chaumont, interpretiert als »chaud mont«, dargestellt[14]. Diese Treppen übertreffen in ihrem Aufwand bei weitem die bescheidene Treppe König Ludwigs XII. in Blois.

Schon in seinem ersten großen Treppenturm, den Franz I. seit 1515 in Blois errichtete, scheint der junge König dem großen Vorbild der Treppe des alten Louvre gefolgt zu sein. Jedenfalls ließ auch er an der Außenseite der Treppe drei Nischen für Statuen anbringen, die allerdings erst 1847 mit Statuen besetzt worden sind *(Abb. 14)*. Wir bleiben somit über eine mögliche, vorgesehene Ikonographie im dunkeln. Es läßt sich nicht einmal vermuten, wessen Statuen hier aufgestellt werden sollten, wenn sie überhaupt je vorgesehen waren[15]. Die übrige Dekoration, mit der die ganze Treppe überhäuft ist, stellt eine einzige Huldigung des Königs und der Königin Claude dar[16].

---

palais ducal de Nancy, Nancy 1852, weicht in der Darstellung des Treppenturmes erheblich von der Zeichnung (Abb. 17) ab. Der »Grand Rond« genannte Turm hatte eine Rampe zum Hinaufreiten. Über die Motive der Dekoration macht auch Lepage keine Angaben. 1717 wurde dieser Bauteil abgerissen.

[12] Das Stachelschwein war Imprese Ludwigs XII. Turmwächter befinden sich hier im Innern des Obergeschosses der Treppe in einem Schlußstein. Die beiden Kronen an den Spitzen des Dachreiters (Abb. 22) sind dagegen kaum zu erkennen.

[13] L, A und im Grund des Feldes Lilien und Hermelinschwänze.

[14] Das Schloß wurde aus den Einkünften des königlichen Statthalters in der Lombardei errichtet. Charles II starb 1511 in Careggio. Der Treppenturm wurde im 19. Jh. wiederhergestellt. Die Turmwächter sind hier, weithin sichtbar im Obergeschoß des Turmes, außen dargestellt. Das Treppenhaus ist später mit Medaillons römischer Kaiser geschmückt worden, die Charles II d'Amboise vielleicht aus Italien geschickt hatte. Sie gehörten ehemals zur Dekoration der später zerstörten Galerie.

[15] Ducerceau und Félibien zeigen den Treppenturm ohne Statuen (André Félibien, Vues des châteaux du Blésois au XVIIe siècle, ed. Frédéric et Pierre Lesueur, Paris 1911, pl. VI). Auch das Foto vor der Restaurierung zeigt keine Statuen. Die heute hier sichtbaren sind Teil der Restaurierung des Schlosses nach seinem sehr fortgeschrittenen Verfall im 19. Jahrhundert. Sie stammen vom Bildhauer Seurre, siehe Lesueur, Blois, Congrès Archéologique de France, Blois 1925, p. 50.

[16] Die die Treppe tragenden Pfeiler sind im Untergeschoß mit riesigen Flammenkandelabern skulpiert. An den Treppenwangen findet sich der Salamander mit der Königskrone darüber und über dieser noch die kaiserliche Bügelkrone. Die Initiale F mit Krone bildet zusammen mit Flammenkandelabern die Balustrade. Die Schlußsteine des Treppenlaufs sind mit Impresen des Königs und der Königin gefüllt und weiter oben mit gekröntem F und gekröntem Salamander.

Auch in Chambord ließ Franz I. Statuennischen an der Treppe errichten: Im Innern des letzten Geschosses der großen Wendeltreppe öffnen sich acht hohe, schlanke Nischen *(Abb. 28)*, die wohl ebenfalls nie mit Statuen besetzt wurden. Es fällt auch hier schwer, sich vorzustellen, welche Statuen hätten aufgestellt werden sollen.

Ganz in der Tradition steht auch der Schmuck der die Wendeltreppe abschließenden Decke *(Abb. 23)*. Zwar ist hier, wie in den Gewölben der sogenannten Vestibüle, die moderne Form der Kassetten gewählt, ihre Dekoration weicht aber nicht von der Tradition der Louvre-Treppe ab. In der Treppe des alten Louvre waren die Wappen der königlichen Familie dargestellt[17], im großen Treppenturm Ludwigs XII. in Blois die königliche Krone *(Abb. 24)*. Hier in Chambord sind es die Imprese Franz I., der gekrönte Salamander, und seine Initiale »F« – überraschenderweise spiegelverkehrt dargestellt –, die miteinander alternieren. Aber in den Voluten, die außen die Laterne stützen, präsentieren sich große Medaillons mit dem Salamander, und die Kuppel über der Laterne ist, nun nach außen hin sichtbar, von der Königskrone gerahmt, über der sich auf der Höhe der Kuppel die französische Lilie erhebt *(Abb. 25)*.

Zahlreiche Flammenkandelaber und Flammenvasen umstehen diese triumphale Treppenbekrönung, deren Ikonographie sich einzig auf Franz I. bezieht.

Franz I. geht aber nicht nur in der Ikonographie weit über seine Vorgänger hinaus, er differenziert auch die Form der Bauaufgabe Treppenturm weiter. Er verfeinert das Thema und macht die Inhalte nunmehr architektonisch sichtbar und appliziert nicht mehr allein Embleme. Auf diese Weise gewinnt Franz I. einen Vorsprung in der Entwicklung, der aber nur die Vollendung einer Tradition bedeutet, denn die eigentlich neue Form ist die italienische Treppe, die längst in die Bauten des Adels und der Bürger eingeführt, aber offenbar noch nicht hoffähig geworden ist, wie die Treppentürme von Blois und Chambord beweisen. Gerade hier zeigt sich, wie der König den französischen, den historischen Typus bevorzugt. Diese fortschrittlichste Form des traditionellen Treppenturms wird zum Zeichen des Königs stilisiert[18]. Die Einführung der italienischen

---

[17] Diese Tradition hat auch durch das 15. und frühe 16. Jahrhundert weiterbestanden. Die Schlußsteine der Wendeltreppenwölbung von Le Plessis-Bourré etwa sind mit sechs Wappen geschmückt, die von La Rochefoucault hatte in acht Medaillons Wappen.

[18] Eine vielgerühmte Treppe hatte Franz I. 1528 in seinem Schloß Madrid zu bauen begonnen. Wir besitzen von ihr noch eine knappe, lobende Beschreibung von Sauval (Henri Sauval, Histoire et recherches des antiquités de la ville de Paris, Paris 1724, II, 308, Reprint, Farnborough 1969), der berichtet, daß die größte Treppe von Madrid wegen ihrer offenen Spindel bewundert wurde und weil sie mit sehr feinen Reliefs der Metamorphosen von Ovid ausgestattet war. (Laut Sauval wurde diese Treppe ›vis de St. Gilles‹ genannt, weil die Treppe des 12. Jh. von St. Gilles in der Provence die erste Treppe dieser Art gewesen sei und die von Madrid diesem Typus folgte.) Auch in dieser Treppe befanden sich im Abschlußgewölbe die Initialen des Sohnes von Franz I., Henri II., der das Schloß vollendet hatte, sowie die Initialen der Königin Katharina de'Medici und der Mätresse des Königs, der Diane de Poitier. Philibert Delorme, der auf seine Treppenkonstruktionen viel Phantasie verwandte und darauf auch sehr stolz war, behauptet in seinem Traktat Le premier tôme de l'Architecture von 1567, in Madrid eine Treppe errichtet zu haben(Anthony Blunt, Philibert de l'Orme, London 1958, p. 101, Anm. 1). Vielleicht stammt von ihm, dem Baumeister Heinrichs II., diese vielgerühmte Treppe.
Ein bürgerlicher Bauherr hat schließlich in seinem von Blaise Le Prestre zwischen 1535 und 1538 errichteten Hôtel d'Escouville in Caen die Laterne des Treppenturmes von Chambord

Treppe konnte keine gleich großen optischen Erfolge verbuchen, denn sie verschwand im corps de logis, während Franz I. die mittelalterliche Form der Wendeltreppe in Chambord zu einem der größten architektonischen Schaustücke der Zeit entwickelte[19].

Die Treppe von Chambord nimmt den Mittelpunkt des zentralen Bauteils, des Donjon, ein. Sie steht in einem Achsenkreuz und entwickelt sich in der Ansicht zu einem weithin sichtbaren Zeichen, einem hochaufragenden, die Anlage des Schlosses krönenden Bauteil[20], einem Zeichen des Königs. Sie ist aber zum großen Teile im Bau versteckt und verliert damit im Vergleich zu Blois ihren Charakter der Schaufassade und zugleich den Sinn, den sie in Blois hatte, nämlich gleichzeitig als Aussichtsplatz für Spiele im Hof zu dienen.

Im Treppenturm von Chambord scheint jedoch eine bisher nicht bekannte, neue Ikonographie entstanden zu sein. Die Treppe ist im Innern des Baues gänzlich durch Arkaden geöffnet und gibt dort den Blick in den Innenraum frei. Oberhalb der Terrasse aber lassen die großen Arkaden das Licht in ganzer Fülle in den Innenraum der Treppe fluten *(Abb. 28)*.

Seit der weiteren Öffnung des Schlosses zur Landschaft hin, die sich schon im Schloß Amboise von Charles VIII. findet und von deren Qualität als Aussichtsterrasse Ducerceau berichtet, hat diese Öffnung des Baues für Ausblicke in das umgebende Land im 16. Jh. immer mehr an Gewicht gewonnen. Die große Terrasse des Schlosses Gaillon zur Seine hin ist dafür eines der eindrucksvollsten Beispiele.

Der Treppenturm von Blois war so konzipiert, daß man durch kleine Austritte, die für die Hofgesellschaft bestimmt waren, eine größtmögliche, freie Aussicht zum Hof hin genießen konnte. In Chambord bleiben diese Öffnungen der Treppe innerhalb des Baues weitgehend ohne Bedeutung, da sie keine ungewöhnlichen Ausblicke boten. Auch oberhalb der Terrasse des Donjon bietet die Treppe keine Möglichkeit der Aussicht in die Landschaft, dazu muß man die Terrasse oberhalb des dritten Geschosses betreten. In die Wendeltreppe von Chambord tritt aber oberhalb der Terrasse durch die großen Arkaden eine solche Fülle von Licht ein, daß man hier vielleicht erstmals von einer Lichtsymbolik im französischen Schloßbau sprechen kann *(Abb. 28)*[21].

Die Lichtsymbolik des Treppenturms findet eine Ergänzung in Symbolen des Bauschmuckes, den unzähligen Kandelabern mit Flammen an ihrer Spitze, die den Treppenturm umstehen, die die Gauben des Dachgeschosses zieren und selbst Kamine schmücken, sowie in den vergoldeten Strahlen auf den Turmspitzen am Donjon und den Außentürmen[22].

---

zum Vorbild genommen, die Ikonographie der Flammenvasen übernommen und die Kuppel mit einer Statue Apolls bekrönt, Abb. in Claude Sauvageot, Palais, châteaux, hotels et maisons de France du XVe au XVIIIe siècle, Paris 1867, IV, pl. 5.

19 In dieser Untersuchung erübrigt es sich, die in der Literatur viel diskutierte Frage, ob Leonardo diese Treppe entworfen hat, nochmals aufzugreifen. Es mag hier Hautecoeur zu Worte kommen, der schreibt: »L'escalier de Chambord a été attribué à quelque auteur italien; en fait, tous ses éléments sont français.« (Histoire de l'architecture classique en France, I, 1963, p. 75).

20 Félibien schreibt: ». . . l'escalier s'élève en forme de dome« Félibien, a. a. O., p. 39.

21 Vgl. das Kapitel Filaretes Turm der Tugend, Chambord und der Palast des Apolidon.

22 Die Außentürme, die links und rechts den geplanten Eingangsflügel flankieren, standen nur bis zum ersten Geschoß und sind von Ducerceau in der Zeichnung wie im Kupferstich ergänzt worden, wie er selbst in seinem Begleittext berichtet.

DIE STRAHLEN DER TURMHELME

Auf den Stichen Ducerceaus läßt sich erkennen, daß von den Spitzen der Turmhelme, unterhalb der Laterne zwölf (?) Strahlen ausgehen, und zwar folgt auf je einen geraden ein gewundener Strahl *(Abb. 27)*[1]. Da in den Zeichnungen und Stichen Ducerceaus mit nur einer Ausnahme[2] Chambord ohne Firstkämme dargestellt ist, wird sich der Bericht des Gesandten Lippomanno »Quella bella fabbrica, ... è copiosa di dorati merli...«[3] wenigstens auf diese Strahlen beziehen, die, so müssen wir nach diesem Bericht schließen, vergoldet waren.

Die Spitzen von Türmen wurden in der Profanarchitektur ganz allgemein mit einer aufrechtstehenden Ähre (im Französischen: épi) geschmückt und mit Blattwerk, das sich von der Spitze des Turmhelmes nach unten entfaltete, versehen. Ob diesen Motiven einmal eine Bedeutung innewohnte, ist bisher nicht bekannt.

Im frühen 16. Jahrhundert tritt in Frankreich an einigen Bauten eine neue Form der First- und Turmbekrönung auf. Es gibt offenbar nur ein guterhaltenes Beispiel dafür, das Schloß Meillant südlich von Bourges. Dort sind unter den Firstkämmen sowohl der Kapelle wie auch des corps de logis und der Türme Wolken dargestellt, aus denen sich gerade und gewundene Strahlen nach unten erstrecken *(Abb. 31 und 33)*[4], als Zeichen der Licht und Wärme spendenden Sonne.

Im Château du Verger, das durch einen Kupferstich überliefert ist, waren die Türme, auch der Treppenturm, mit einem Strahlenkranz geschmückt *(Abb. 29 und 30)*. Sonnenstrahlen befanden sich am Dach des Turmes zum Garten im Schloß Gaillon (Zeichnung

---

[1] In den verschiedenen Zeichnungen und Stichen sind sie gelegentlich an einigen Türmen fortgelassen. Die beiden Türme am Eingang zur cour d'honneur hat Ducerceau ergänzt, wie er selbst schreibt, und in die Ergänzung die Strahlen aufgenommen.

[2] W. H. Ward, French Chateaux and Gardens in the Sixteenth Century. A series of reproductions of contemporary drawings ... selected by W. H. Ward, London, Batsford 1909, pl. VII.

[3] Siehe den Gesandtenbericht, Anm. 3 der Einleitung. In den Baurechnungen von 1541 wird die Vergoldung des Bleidaches genannt (Félibien, a. a. O., p. 34).
Merli, als Zinnen, gibt es in Chambord nicht. In Italien gibt es dafür im Palast und Villenbau der Zeit keine Firstkämme, vielleicht hat Lippomanno aus diesem Grunde von »Merli« gesprochen und damit den Firstkamm gemeint. Die Bezeichnung »merli« wurde im 16. Jh. auch für Zacken einer Krone gebraucht, siehe: Ilaria Toesca, Translation in the Calendar of State Papers, Burlington Magazine CXXI, 1979, p. 381.

[4] Diese Firstbekrönung mag bei einer Restaurierung im 19. Jahrhundert wiederhergestellt worden sein. Firstkamm und, soweit zu erkennen, auch die Strahlen zeigt ein Stich aus dem Anfang des 17. Jahrhunderts. Auf einer Lithographie von 1844 sind die Strahlen deutlich zu erkennen. Congrès Archéologique, Bourges 1931, Abb. nach p. 164 und nach p. 168.

in Stockholm), am Turm der Kapelle in Blois (Stich von Ducerceau) sowie – allerdings nach einer Restaurierung – im Château de la Verrerie, in Chemazé und in Le Lude.

Es scheint so, als seien diese Strahlen, die allein auftreten können oder aber aus Wolken hervorgehen, zu Anfang des 16. Jahrhunderts als Dachkrönung in Brauch gewesen und in Chambord zum letzten Male verwandt worden[5].

Das Strahlenmotiv begegnet uns in der Bauplastik auch an anderer Stelle, so in der Kassettendecke der offenen Galerie der Maison dite d'Agnès Sorel in Orléans[6] und um einen antikischen Kopf über dem Portal des Hôtel de Bernuy in Toulouse, und zwar wieder im Wechsel von geraden mit gekrümmten Strahlen (Abb. 36). Im Hôtel de Bernuy wird der antikische Kopf mit Strahlenkranz von einem durch zwei Putten gehaltenen Fruchtkranz gerahmt. Das Schriftband, das ein geflügelter Putto über dieser Szene ausbreitet, trägt die Inschrift: SI DEVS PRO NOBIS[7]. Die Inschrift enthält zwar eine christliche Aussage, der antikische Kopf im Strahlenkranz läßt sich dagegen schwerlich mit christlichem Gedankengut in Verbindung bringen. Man wird in ihm eine Darstellung Apollos, hier im Strahlenkranz des Apoll solis[8], vermuten müssen. Diese und andere Beispiele zeigen, daß das Motiv des Apoll, damit des Lichtes der Sonne, in der Bauplastik der 1. Hälfte des 16. Jahrhunderts häufiger zu finden ist[9].

---

[5] Strahlen finden sich u. a. auch an den Kapellen von Chenonceau und Le Moulin (Loir-et-Cher), am First des Seitenflügels von Azay-le-Rideau sowie an weiteren Bauten. Die Illustration zum Amadis de Gaule, die in Anlehnung an Chambord entstanden ist, gibt ebenfalls die Strahlen wieder. Siehe S. 64 und Abb. 94.

[6] Paul Vitry, Hôtels et Maisons de la Renaissance française, Paris o. J., II, pl. XXVII.

[7] Die Lesung der Inschrift verdanke ich Fräulein Helga Hoen, Toulouse. Sie entstammt Röm. 8, 31.

[8] Ist Christus »der schönste der Welt«, dann verdient er die Gestalt, die schon die Alten »jrem abgot Abblo« (Apoll) zugemessen haben (Dürer). Hans Rupprich, Dürers schriftlicher Nachlaß II, Berlin 1966, p. 104.

[9] Sonnenstrahlen sind auch in einer Kassette im Vorraum der Treppe des Schlosses Chateaudun zu finden, wie in einer Kassette der Decke der Kapelle des Hotel Lallement in Bourges, wohl in alchemistischem Zusammenhang. Vgl. Francis A. Yates, Magia e scienza nel Rinascimento, in: Magia e scienza nella civiltà umanistica, a cura di Cesare Vasoli, Bologna 1976, p. 223. »Il sole, certamente, è stato sempre un simbolo religioso presente anche nell'ambito del cristianesimo; ma in alcuni passi degli scritti ermetici, il sole viene chiamato demiurgo, secondo dio'.« Nach Aussage der Ägyptologen Michele Mercati und Athanasius Kircher gilt die Sonne als »vis penetrativa universi«, die die Elemente als Grundstoffe zur Materie vermischt, sowie als die sichtbare Gestalt der die Welt durchströmenden und erhaltenden Liebe: »in sole enim maxime amor viget mundanus« (Kircher). Michele Mercati, De gli obelische di Roma, Rom 1589, p. 61; Athanasius Kircher, Oedipi aegiptiaci, Rom 1653, II, pars altera, p. 118. Nach Möseneder, s. unten Anm. 27.

Gleichermaßen sind in England um die Jahrhundertwende Silbergefäße mit einem Strahlenkranz im Boden hergestellt worden. (Siehe Burlington Magazine CXIX, 1977. Abb. vor p. 411.)

In Florenz ist die Sonne Zeichen des Quartiere Santa Maria Novella, siehe den Giebel von S. M. Novella.

Auf der Kuppel des Eingangsturmes des Castello Sforzesco befindet sich eine Sphäre, über ihr eine Windfahne und eine Sonne mit geraden und gewundenen Strahlen. ›Raza‹ = Sonne war eines der Attribute der Visconti (siehe Apsis des Mailänder Domes: Rosone). Gewundene Strahlen schmücken die Baldachine über den Darstellungen des hl. Petrus und Leos X.

In Frankreich findet sich die Sonne insbesondere in den Illustrationen des Liber de intellectu von Carolus Bovillus (Charles de Bouelles), Paris 1509, öfter dargestellt, auch Wolken, aus denen Sonnenstrahlen hervordringen *(Abb. 40)*. Strahlen stehen sowohl für christliche Inhalte als Aureole um Gottvater, Maria usw. als auch, zusammen mit Wolken, für die Darstellung des Himmels ganz allgemein *(Abb. 40)*; auch die Sonne kann selbst dargestellt werden *(Abb. 34 und 42)*[10]. Die Strahlen stellen zum einen das Licht und die Wärme der Sonne dar, sie versinnbildlichen Gott, »das Licht der Welt« *(Abb. 35, 37, 38 und 41)*, und können zum anderen den Intellekt bezeichnen[11].

Nach Egidio da Viterbo soll der Mensch »mit dürstendem Geist die goldenen Strahlen des göttlichen Lichtquells aufnehmen«[12]. Nach Bovillus teilt sich das göttliche Licht, der schöpferische Geist, in direkter Weise den Engeln mit, die reiner Geist und gestaltlos sind. In geringerem Grade wird es den Menschen zuteil, deren Geist an die Materie gebunden ist. Weiter unterhalb bleiben die Reiche halb oder ganz im Dunkel *(Abb. 37)*[13].

Im Zusammenhang mit der ›Tugend‹ ist die Sonne in der während der frühen Regierungszeit Franz I. entstandenen Buchillustration ›La fontaine de toutes vertus‹ dargestellt worden. In der Handschrift ›Les triomphes des vertus‹ des Jean Thenaud ist die

---

als Clemens I. in der Sala di Costantino des Vatikans von Giulio Romano. Abb. in: S. J. Freedberg, Painting of the High Renaissance in Rome and Florence, Cambridge Mass. 1961, II, 697, 698.

Das Zeichen der Sonne ist seit dem Ende des 15. Jahrhunderts häufiger in der venezianischen Buchillustration verwandt worden. (Prince d'Essling, Le livre a figures vénetiens, I, 1907, Abb. pp. 123, 247, 250, 289 u. a.) Paul Kristeller, Die italienischen Buchdrucker- und Verlegerzeichen bis 1525, Straßburg 1893, Nr. 108.

Arthur Henkel, Albrecht Schöne, Emblemata, Handbuch zur Sinnbildkunst des 16. und 17. Jahrhunderts, Stuttgart 1967, Sp. 21, Nr. 89. Siehe auch die Tafel mit den Strahlen um die Inschrift IHS bei der hl. Bernhard von Siena, die von Bernardus Staginus de Tridino de Monteferrato, Venedig, tätig zwischen 1478 und 1522, als Druckerzeichen benutzt wurde. Kristeller, a. a. O., Nr. 312–315. Das Zeichen Jesu mit Strahlenkranz kommt ebenfalls als Buchdruckerzeichen vor.

[10] »L'an 1527, dit le croniqueur, fut commencée l'arche de pierre ou voult de dessous le cadran de la grosse Horologe et fut achevée l'an 1529.« A. Cerné, L'anciens hôtels de ville de Rouen, Rouen 1934, p. 97, nach Elisabeth Chirol, La Renaissance à Rouen, in: Connaitre Rouen, Rouen 1970, p. 10.

[11] Die frühen Christen haben den Sonntag für ihre kirchlichen Zusammenkünfte gewählt, weil Gott das Licht erschaffen hat, die Sonne an einem Sonntag. Christus ist an einem Sonntag auferstanden, an einem Sonntag gen Himmel gefahren und wird an einem Sonntag erscheinen, um die Menschen zu richten. Siehe Louis Hautecoeur, Mystique et architecture, symbolisme du cercle et de la coupole, Paris 1954, p. 181.

Siehe auch: Ferdinand Piper, Mythologie der christlichen Kunst, 1847, Reprint Osnabrück 1972, Bd. 1, Abt. 1, p. 96. Giorgio Vasari, Palazzo Sforza Armerini, Florenz: Knabe mit Fakkel = Diligentia. Siehe: Lo Zibaldone di Giorgio Vasari, ed. Alessandro del Vita, Rom 1938, p. 8. »Diligentia, un giovane con una face di fuoco in una oscurità, mostrando che la diligentia si ha da usare nelle cose, che son difficile a ritrovare.«

[12] Vgl. Heinrich Pfeiffer, Die Predigt des Egidio da Viterbo über das goldene Zeitalter und die Stanza della Segnatura, Festschrift für Luitpold Dussler, Deutscher Kunstverlag 1972, p. 246. Nach Egidio da Viterbo kann das Erkennen durch feuriges Licht symbolisiert werden, ibid., p. 253, Anm. 27.

[13] André Chastel, Robert Klein, Die Welt des Humanismus, München 1963, p. 112, 341.

Allegorie auf Louise de Savoie bezogen, die dort in der Rechten ein Zepter, in der Linken eine Sonnenkugel hält *(Abb. 43)*[14].

Das von Guillaume de La Perrière der Schwester Franz I., Marguerite, Königin von Navarra, gewidmete »Théatre des bons engins«, Paris 1539, zeigt in einem Holzschnitt über dem Kopfe eines Mannes die gleichen Strahlen und in der Mitte das Sonnengesicht *(Abb. 39)*[15]. Der dazugehörige Vers spricht von der Sonne, die, steht sie im Zenit, »von deinem Körper keinen oder nur einen kleinen Schatten wirft«, was wohl als eine allgemeine moralische Aussage zu verstehen ist, denn der Vers zu diesem Emblem verweist auf die Tugend, die »mit unzähligen Strahlen glänzt«.

Es liegt nahe, die Überlieferung der Entrées auf ähnliche Motive hin zu verfolgen. Dabei ergibt sich, daß Sonnenstrahlen in der gleichen Zeit für die königliche Ikonographie benutzt worden sind. In der Entrée Ludwigs XII. 1498 in Paris waren goldene Sonnen neben gekrönten L L über dem Emblem des Königs, dem Stachelschwein, dargestellt und in der Mitte der Sonnen die goldene Lilie des Königshauses[16], was wiederum auf die Allegorie der Tugend weisen könnte, die »mit unzähligen Strahlen glänzt«. Auch bei Cesare Ripa ist die Sonne ein Attribut der Tugend[17].

Vielleicht können die Strahlen, die auf dem First des Schlosses und der Kapelle von Meillant aus den Wolken brechen und die Strahlen auf den Türmen des Château du Verger, in Gaillon usw. als Emanationen des göttlichen Lichtes und gleichzeitig als Verweis auf die Tugend verstanden werden, wie es die zeitgenössischen Texte nahelegen. Der Prozeß einer Wandlung von christlicher zu profaner Bedeutung ist auch hier anzunehmen. Die Grenzen bleiben fließend und lassen vorerst nur mehr oder weniger begründbare Vermutungen zu.

Im Alten Bund ist die Weisheit der Abglanz des Ewigen Lichtes[18]. Carolus Bovillus definierte in seiner 1510 erschienenen Schrift: »L'intelletto è il sole dell'animo fonte

---

14 Brigitte Walbe deutete die Sonne: »Vielleicht hält sie /die Tugend = Louise de Savoie/ sie zum Gruß dem neugeborenen Dauphin entgegen, der im Text als ›nouvel soleil‹ gefeiert wird.« Brigitte Walbe, Studien zur Entwicklung des allegorischen Porträts in Frankreich von seinen Anfängen bis zur Regierungszeit König Heinrichs II., Diss. Frankfurt 1974, p. 50, Abb. 25.

15 Arthur Henkel, Albrecht Schöne, a. a. O., Sp. 21, Nr. 89.

16 Gabriel Mourey, Le livre des fêtes françaises, Paris 1930, p. 11. Die Mandorla wurde schon bei festlichen Aufführungen von Brunelleschi in Santa Felicita benutzt und schließlich von Leonardo in der Aufführung der Danae des Baldassare Taccone 1490 in Mailand. Kate S. Steinitz, Le dessin de Léonard de Vinci pour la représentation de la Danae de Baldassare Taccone, in: Colloques internationaux du Centre National de la Recherche Scientifique, Sciences Humaines, Royaumont 1963, ed. Jean Jacquot, Paris 1964, p. 35 ff.

17 Cesare Ripa, Iconologia, ed. Rom 1603, Reprint Hildesheim, New York 1970, p. 511 f. Die Allegorie der Tugend trägt die Sonne auf der Brust. »Il sole dimostra, che come dal cielo illumina esso la terra, cosi del cuore la virtù defende le sue potenze regolate à dar il moto, et il vigore à tutto il corpo nostro ...«

18 Weisheiten 7, 26, vgl. Dorothea Forstner OSB, Die Welt der Symbole, Innsbruck, Wien, München 1961, 3. Aufl. 1977, Stichwort Licht.
Papst Damasus zählte die Namen auf, die Gott gegeben wurden: Spes, via, vita, salus, *ratio, sapientia, lumen.* Siehe Dictionnaire d'archéologie chrétienne et de Liturgie, Stichwort: Lumière.

e origine di tutta la scienza umana«, schreibt weiter, daß der Weise vor allem der Sonne der Welt ähnlich sei, und spricht vom »Licht der Weisheit«[19].

Ein Sonnengesicht mit Strahlen schwebt über dem Kopf der »Weisheit« in Veroneses »Allegorie der Weisheit und der Stärke« und gehört auch späterhin zum festen Bestandteil der Ikonographie der Weisheit[20]. Weisheit wurde dem König zugeschrieben. So läßt sich fragen, ob die Sonnenstrahlen auf den Türmen von Chambord anders gedeutet werden müssen als diejenigen der übrigen Schlösser, nämlich aus der Königsikonographie. Auch hier sollen nochmals die Entrées zu Rate gezogen werden. In der Entrée Franz I. in Rouen im Jahre 1517 war im vierten Bild auf einem Échafaud eine silberne Weltkugel zu sehen. Sie repräsentierte das silberne Zeitalter. Daneben befand sich ein strahlender Stern, der aus einer sich öffnenden Wolke hervorkam und aus dem ein schöner junger Knabe trat, in dem man leicht den König erkennen konnte; er trug drei Strahlen als Zeichen für die »perfections de l'âme«[21]. Dieser Knabe stieg herab, und die Strahlen des Sternes verbreiteten nach allen Seiten eine neue Helligkeit (clarté)[22] in der Welt, und alles schien in Gold getaucht. »Saturn, der in dieser Welt regiert«, bemerkt, daß der König das goldene Zeitalter wiederherstellt, in dem Frieden, Liebe, Ruhe und Recht in der Welt herrschen[23]. Das Titelblatt der Veröffentlichung dieser Entrée ist mit aus Wolken hervortretenden Strahlen über dem königlichen Wappen geschmückt (Abb. 44)[24].

Carolus Bovillus zieht einen Vergleich der aus den Wolken brechenden Strahlen der Sonne mit der Weisheit, die gleichzeitig auch immer die Tugend beinhaltet. Er schreibt: Wenn die Vernunft aber fehlt, verlassen den Menschen das Licht, die Weisheit und jegliche Tugend. Wie die Gegenwart der Sonne im Makrokosmos die Finsternis erhellt, die Wolken zerstreut ... so entfernt sich die Finsternis des Irrtums, es lösen sich die Nebel der Verwirrung[25]. Vielleicht stehen die Strahlen der Turmhelme von Chambord

---

[19] Carolus Bovillus, Il Sapiente, Übersetzung und ed. Eugenio Garin, Turin 1943, Kap. XII und XI. Lefère d'Etaple nannte Pico della Mirandola: »sole dei letterati, splendissima luce di sapienza«, ibid. p. IX.

[20] Frick Collection, New York, aus den späten 70er Jahren. Vgl. auch A. Pigler, Barockthemen, 2. Auflage, Budapest 1974, II, p. 524 ff.

[21] Siehe auch das Kapitel Franz I. und die Weisheit in der fürstlichen Allegorie.

[22] Cesare Ripa. a. a. O., p. 63. Sonne für »chiarezza« »quella fama che l'huomo, ò con la nobilità, ò con la virtù s'acquista«. Bei Cesare Ripa, a. a. O., p. 500 f., steht die Sonne auch für Verità.

[23] Die Sonne tritt auch als alchimistisches Zeichen auf. Sie wurde mit Christus, Helios und Apoll in Verbindung gesetzt. In Wappenbüchern stand sie später für die Bedeutungen Grâce, Providence, Foi, Bénignité, Courtoisie und Grandeur. Siehe dazu: Le soleil à la Renaissance, Sciences et mythes, Colloque international 1963, Brüssel, Paris 1965. Siehe auch: The Sun in Art, Zürich 1968. In Anet ist eine der Sonnenuhren mit Sonnenstrahlen versehen und mit einem Halbmond graviert. Die Zeichen stehen für Henri II und Diane de Poitier, das heißt für Apoll und Diane. Siehe Volker Hofmann, Philibert Delorme und das Schloß Anet, in Architectura 1973, p. 146, Abb. 21.

[24] Das Wappen mit Lilien ist von einer kaiserlichen Bügelkrone überspannt. Zu dieser kaiserlichen Krone im Zusammenhang mit dem französischen Königtum siehe: Robert W. Scheller, Imperiales Königtum in Kunst und Staatsdenken der französischen Frührenaissance, in: Kritische Berichte, 6, 1978, Heft 6, p. 6 ff.

[25] Carolus Bovillus, Liber de Sapiente, 1511, Kap. XI. Einen gleichen Gedankengang spiegelt

tatsächlich für Weisheit und Tugend. Sie werden schließlich als strahlende Sonne zum Symbol des Königs schlechthin (Abb. 45).

In der Entrée in Rouen im Februar 1532 führte Apoll, eine Sonne auf dem Haupt, die Musen an, die den Wagen der Pallas zogen. In der Entrée in Caen im gleichen Jahr glänzten sieben Planeten am Himmel in günstiger Konstellation zur Sonne, die in das Haus des Aries trat. Die Sonne wurde auf den König, die Planeten auf den Dauphin und die Prinzen bezogen[26]. Heinrich II., Sohn und Nachfolger Franz I., wurde schließlich »Apollon François« (français) und »soleil de France« genannt. In einem allegorischen Porträt Heinrichs II., das der längere Zeit am französischen Hof lebende Florentiner Humanist Gabriello Simeoni für Anet entworfen hatte, war der Kopf des Königs gleich einer Sonne dargestellt: »la teste comme le soleil à cause de sa splendeur...«[27].

---

eine Szene aus dem »Speel van Sinne« in Antwerpen von 1561. Auf der Seite des Lichtes, symbolisiert durch Strahlen, die aus einer Wolke treten, mit der Beschriftung Lux stehen Pax, Caritas und Ratio, während auf der gegenüberliegenden Seite Rauch aus der Erde quillt, daneben die Allegorien Ira, Invidia und Discordia, Abb. in: Heinz Kindermann, Theatergeschichte Europas, Salzburg 1958, II, p. 218. Siehe auch das Kapitel Flammenvasen und Fruchtschalen.

26 Charles Terrasse, François Ier Paris 1948, II, p. 163. Im Holzschnitt des Triumphwagens Kaiser Maximilians I. von 1522 illustriert der Baldachin die Vorstellung vom »Roi Soleil« durch den Satz: Quod in celis sol hoc in terra Caesar est. Erwin Panofsky, Das Leben und die Kunst Albrecht Dürers, ed. Darmstadt 1977, p. 242.

27 Brigitte Walbe, a. a. O., p. 139 und p. 140.
Im 17. Jahrhundert und insbesondere für Ludwig XIV. ist die Sonne vorrangig Symbol des Königs. Der ›roi soleil‹ hat dieses Zeichen gänzlich usurpiert. So trug im Festzug zur Hochzeit Ludwigs mit Marie-Thérèse, 1660, ein Schiff auf der Seine über dem Mastbaum die Sonne mit den Initialen des Königs und seiner Gattin (Mourey, Le Livre des fêtes..., fig. 121). Für diese Entrée siehe den demnächst in den Akten des Kongresses »Europäische Hofkultur im 16. und 17. Jahrhundert«, Wolfenbüttel 1979, erscheinenden Beitrag von Karl Möseneder, Das Fest als Darstellung der Harmonie im Staat am Beispiel der Entrée Solennelle Ludwigs XIV. 1660 in Paris.
Campanella, der nach Jahren der Verfolgung endlich unter der Protektion Richelieus in Frankreich Aufnahme fand, stellte schon für die Geburt Ludwigs XIV. ein Horoskop und erwartete, »daß sich in diesem Wunderknaben alle Erwartungen der Christenheit erfüllen würden und der künftige Monarch dazu berufen sei, den Sonnenstaat Wirklichkeit werden zu lassen«. Ludwig XIV. war an einem Sonntag geboren worden, der auch in Frankreich ein Tag der Sonne ist (siehe bei Möseneder). Hans Junecke, Montmorency. Der Landsitz Charles Le Brun's. Geschichte und Gestalt und die »Ile enchantée«, Berlin 1960, p. 91 f. Tommaso Campanella, Poesi, ed. M. Vinciguerra, Bari 1938, p. 201: Ecloga, 1. 222–227 und 237 ff.

FLAMMENVASEN UND FRUCHTSCHALEN

Wie die Sonnenstrahlen auf den Turmhelmen von Chambord, so gehören auch die unzähligen Flammenkandelaber über den Gauben, den Kaminen und die Flammenvasen und Flammenkandelaber um die Bekrönung der Wendeltreppe zur Lichtsymbolik dieses Schlosses *(Abb. 25)*. Sie haben eine lange Tradition, in der sie offenbar auch einem Bedeutungswandel unterlegen waren.

Flammenvasen und Fruchtschalen gehören zu den weitverbreiteten Motiven der Architekturornamentik. Die Kandelaber, die im Flachrelief Pilaster füllen, tragen eine Unzahl einzelner pflanzlicher und tierischer Motive und, in bezug auf den Kandelaber selbst, viele Gefäßformen[1]. Bestimmte Motive kehren immer wieder und werden gelegentlich in antithetischer Zusammenstellung benutzt. Für die französische Architekturdekoration interessieren vor allem die Flammenvasen und die Fruchtschalen als oberer Abschluß eines Kandelabers. Im allgemeinen darf eine grundsätzliche Bedeutung dieser Motive vorausgesetzt werden, im speziellen können sie auf den Zusammenhang, in dem sie erscheinen, bezogen sein.

Eines der frühen Beispiele von Flammenkandelabern scheint die Rahmung des Reiterdenkmals des Giovanni Acuto von Paolo Uccello im Florentiner Dom, um 1436, zu sein. Hier enden beide das Fresko seitlich rahmende Kandelaber in Flammenschalen *(Abb. 46)*.

Gerade an Grabdenkmälern sind die Flammenkandelaber besonders häufig anzutreffen und können mit Attributen an den Kandelabern weitere Aussagen über den Verstorbenen enthalten[2]. Bald nach der Mitte des Jahrhunderts setzte Desiderio da Settignano einen großen Flammenkandelaber als Bekrönung auf das Grabmal des Carlo Marsuppini in Santa Croce, und Desiderios Pietà seines Tabernakels in San Lorenzo begleiten zwei mächtige Flammenkandelaber auf den Pilastern[3]. Alle Pilaster der Arka-

---

[1] Der gesamte Bereich dieser Ornamente harrt noch einer genauen Untersuchung und Deutung der Inhalte.

[2] So sind zum einen reichlich Pilasterdekorationen an Tabernakeln zu finden, in denen die Leidenswerkzeuge Christi dargestellt sind, zum anderen sind, etwa am Grabe des 1503 verstorbenen Bildhauers Andrea Bregno im Kreuzgang der Minerva in Rom, die Kandelaber auf den Pilastern mit mathematischen Instrumenten und Handwerkszeug gefüllt. Die Pilaster des Grabdenkmals des 1616 verstorbenen Vincenzo Scamozzi in San Lorenzo, Vicenza, sind mit Zirkel, Sphäre, Sextant, Kompaß und Schreib- oder Zeichenblättern dekoriert und die Pilaster am Grabe des 1507 jung verstorbenen römischen Patriziers Giovanni Battista Milizi in Santa Maria in Aracoeli mit Musikinstrumenten und Büchern.

[3] Die Pilaster des Tabernakels von S. Maria in Monteluce bei Perugia von etwa 1490 sind ebenfalls mit riesigen Flammenkandelabern reliefiert, Abb. 175 in Charles Seymour, Jr., The Sculpture of Verrocchio, London 1971.

den des Grabmonuments für Gian Galeazzo Visconti (1497) in der Certosa von Pavia tragen reliefierte Kandelaber mit Flammenvasen und Flammenschalen[4]; die übrigen Motive: Lorbeer und Eichenlaub, Rüstungen und Waffen beziehen sich auf die Taten des Herzogs. Die Kandelaber des Obergeschosses enden allesamt mit Früchten. Diese Superposition kann, wie weitere Beispiele zeigen[5], kaum zufällig sein. Gerade das Grab des Gian Galeazzo Visconti ist ikonographisch klar konzipiert, bis hin zu den Tierkreiszeichen. Es schließt nach oben mit vollplastischen Flammenkandelabern ab, ähnlich dem oberen Abschluß von Giovanni Bellinis Altar der Frari-Kirche von 1488 *(Abb. 48)*[6] und den Gräbern des Kardinals Ascanio Sforza (gest. 1505) sowie des Kardinals Girolamo Basso (gest. 1507) von Andrea Sansovino in S. Maria del Popolo in Rom *(Abb. 47)*.

Was bedeuten die Flammenvasen?

Es ist schwer, ihre jeweilige Aussage zu fassen, wohl aber läßt sich sagen, daß das Licht der Kerze schon im Altertum als Sinnbild des Lebenslichtes galt und die Kerzen im christlichen Gottesdienst Christus, »das Licht der Welt«, versinnbildlichen können[7]. »Denn bei Dir ist die Quelle des Lebens, und in Deinem Lichte sehen wir das Licht«[8] gäbe einen weiteren Hinweis für die bevorzugte Verwendung von Flammen. Vielleicht ist es aber gerade der von dem Evangelisten Johannes überlieferte Spruch Jesu: »Ich bin das Licht der Welt. Wer mir nachfolgt, der wird nicht wandeln in der Finsternis, sondern wird das Licht des Lebens haben«[9], der die Auftraggeber und Künstler veranlaßte, Flammenschalen insbesondere an Grabdenkmälern zu verwenden: die Flamme als Symbol für Seele und Leben[10] mit der Hoffnung auf Auferstehung[11]. Brennende Kandelaber wurden bei Beisetzungen benutzt. So zeigt es die Zeichnung des Rosso Fiorentino, vielleicht von 1533–34, die eine Allegorie auf den Tod der Laura darstellt[12]. Dort stehen um den Sarkophag vier Kandelaber, die auf das ewige Leben der Seele weisen können[13].

---

[4] nur zur Nordseite; zu Füßen des Gian Galeazzo ist die Reliefdekoration nicht als Kandelaber konzipiert, und der oberen Abschluß wird durch einen Adler gebildet.

[5] Ähnlich stehen an der Fassade von S. Anastasia in Verona auf der linken Seite der Fassade die Kandelaber mit Fruchtschalen über den Flammenkandelabern. In Domenico Ghirlandaios Fresken der Tornabuoni-Kapelle von Santa Maria Novella enden die Kandelaber auf den Pilastern der unteren Szenen mit Flammen, die der darüber mit Früchten. In der Cappella Strozzi hat Filippino Lippi die Pilaster nur mit Flammenkandelabern dekoriert.

[6] Die Kandelaber der vier Pilaster des Altarrahmens enden mit Flammenvasen.

[7] Manfred Lurker, Symbol, Mythos und Legende in der Kunst, 2. Aufl. Baden-Baden 1974, Stichwort ›Leuchter‹.
Augustinus (De trinitate VII, 3, 6) schreibt »quid est autem sapientia nisi lumen spirituale et incommutabile ... Lumen ego Pater, lumen Filius, lumen Spiritus Sanctus, sicut autem non tria lumina, sed unum lumen. Siehe Louis Hautecoeur, Mystique et architecture, symbolisme du cercle et de la coupole, Paris 1954, p. 182.

[8] Psalm 36, 10.

[9] Johannes 8, 12.

[10] W. Janson, The Putto with the Death's Head, The Art Bulletin XIX, 1937, 429.

[11] John Shearman, The Chigi Chapel in S. Maria del Popolo, Journal of the Warburg and Cortauld Institutes XXIV, 1961, p. 138.

[12] Oxford, Christchurch, Abb. bei Eugen A. Charrol, Rosso in France, in: Actes du Colloque international sur l'art de Fontainebleau, Paris 1975, p. 18, fig. 3.

[13] Gebete bei der Totenmesse beziehen sich wiederholt auf lux aeterna. Leopold D. Ettlinger sieht in dem den ganzen Tag über gleichmäßigen Lichteinfall in die Neue Sakristei von

Giuliano da Sangallo hat Kandelaber nach antiken Denkmälern gezeichnet *(Abb. 49)*[14] und dieses Motiv auch in seine Architektur aufgenommen: Im Fries unter der Kuppel von Santa Maria delle Carceri in Prato sind Flammenkandelaber mit Fruchtgirlanden im Relief dargestellt[15]. In einem angeblich auf ihn zurückgehenden Entwurf für die Fassade von San Lorenzo in Florenz werden vollplastische Flammenkandelaber vorgesehen, die ihrer Form nach in der Toscana allerdings späteren Typen entsprechen *(Abb. 52)*. – An der Certosa von Pavia krönen sie in großer Zahl die Kirche *(Abb. 50)*. – Der Giebel der Fassade von S. Lorenzo sollte nach dem genannten Entwurf von einer Statue der Caritas gekrönt werden, mit einer Flammenvase auf dem Haupt *(Abb. 52)*[16]. Es ist zu vermuten, daß Giuliano da Sangallo die antike Bedeutung dieser Darstellungen kannte.

Flamme und Füllhorn gehörten in der Antike als Attribute zur Pietas[17]. Die gleichen Attribute werden im Mittelalter der Caritas beigegeben. Sie trägt in der 1310 vollendeten Kanzel des Domes in Siena von Nicola Pisano ein Füllhorn mit Flammen in den Händen[18]. Giottos Caritas in der Arena-Kapelle hält in der erhobenen Hand ein Herz, in der gesenkten einen Fruchtkorb. Ein Werk der Florentiner Schule um 1480, die Caritas im Musée Jacquemart-André in Paris, trägt in der Rechten ein Gefäß mit Flamme und in der Linken ein Füllhorn mit Früchten[19]. Raffael nahm diese Bedeutung

---

San Lorenzo diesen im Requiem immer wiederkehrenden Bezug in die Architektur übertragen (The Liturgical Funktion of Michelangelo's Medici Chapel, Florentiner Mitteilungen XXII, 1978, p. 296 u. 301).

[14] Einige Muster von Kandelabern mit Flammen und mit Früchten und Füllhörnern hat Giuliano da Sangallo wohl zumeist nach antiken Denkmälern in seinen Skizzenbüchern im Vatikan und Siena festgehalten, wie auch der Codex Escurialensis aus der Zeit »um 1491« mehrere Exemplare dieser Art enthält. Cod. Vat. Barb. lat. 4424, fol. 17r. Chr. Huelsen, Il libro di Giuliano da Sangallo, Codice Vaticano Barberiniano latino 4424, Leipzig 1910. Il taccuino sienese di Giuliano da Sangallo, ed. Rodolfo Falb, Siena 1902. Hermann Egger, Codex Escurialensis, Ein Skizzenbuch der Werkstatt Domenico Ghirlandaios, 2 Bde., Wien 1905, 1906, fol. 17 und ff.

[15] Giuseppe Marchini, Giuliano da Sangallo, Florenz 1942, Taf. XXVIII, a). Vgl. auch Peruzzis Entwürfe für die Kanzel in Siena und das Reliquiar der hl. Katharina von Siena, Christoph Luitpold Frommel, Baldassare Peruzzi als Maler und Zeichner, Beiheft zum Römischen Jahrbuch für Kunstgeschichte, Bd. 11, 1967/68, Abb. LXXX c, Kat. Nr. 105d, und Abb. LXXXI c, Kat. Nr. 122.

[16] Durch eine Nachzeichnung des 18. Jh. überliefert, Marchini, a. a. O., p. 76, Taf. XXVI, b), nach Giuseppe Richa, Notizie istoriche delle chiese fiorentine, 5 Bde., Florenz 1754–62, Bd. 5.

[17] U. a. Otto Keller, Die antike Tierwelt, Leipzig 1909–13, 2 Bde., II, 193, Reprint Hildesheim 1963, und die einschlägigen archäologischen Handbücher. Sie sind auch bei Cesare Ripa, Iconologia, ed. Rom 1603, p. 401, die Attribute der Pietà. Auch Ceres führt das Attribut der Fackel und trägt ein Ährenbündel. Sie ist »die Göttin friedlicher Ernährung (und) war in ihrer höchsten Potenz die Patronin des intelligenten Fortschritts in der Menschheit«. Roscher, Ausführliches Lexikon der griechischen und römischen Mythologie, Sp. 864.
Für Pietà und Caritas vergl. auch Gerlinde Werner, Ripa's Iconologia, Quelle – Methode – Ziele, Utrecht 1977, p. 22.

[18] Siehe zuletzt die aufschlußreiche Untersuchung von Max Seidel, Ubera Matris, Die vielschichtige Bedeutung eines Symbols in der mittelalterlichen Kunst, in: Städel-Jahrbuch, N. F. VI, 1977, bes. p. 56 ff.

[19] Kat. Inventaires des Collections Publiques Françaises, Sculpture Italienne, Paris, Institut de France, Musée Jacquemart-André, par Françoise de la Monreyre-Gavoty, Paris 1975, No. 51.

in die 1507 datierte Pala Baglioni auf. In der Predella der Grabtragung Christi sind die theologischen Tugenden jeweils von zwei Putten oder Engeln begleitet. Die Putten zu seiten der Caritas tragen eine Flammenschale und eine Schale mit Blüten *(Abb. 54)*. Damit sind die beiden Aspekte der höchsten Tugend, der Caritas, gekennzeichnet: die Liebe zu Gott, Amor Dei, und die Nächstenliebe, Amor proximi[20].

Die französische Bauplastik nimmt die Formen und die Ikonographie der in Italien entstandenen Kandelaber insbesondere in die Dekoration der Schlösser und Hôtels auf. Schon in dem vom Sekretär des Königs und Trésorier de France, Florimont Robertet, errichteten Hôtel d'Alluye in Blois ist ein Kapitell mit einer Flammenschale dekoriert *(Abb. 57)*, die dem gleichen Motiv in den Kapitellen des Hofes im Palazzo Pazzi in Florenz überraschend ähnlich ist *(Abb. 56)*[21]. Für die Pazzi kann die Flammenvase eine aus der Imprese René d'Anjous zu verstehende Bedeutung haben[22].

In Frankreich ist die Flammenvase derart weit verbreitet, daß sie für die hier zu untersuchende Zeit keine enge Bindung an eine einzelne Familie haben kann. Denn die Flammenvase findet sich genauso am Portal des Flügels Ludwigs XII. *(Abb. 60)* in Blois wie an den Pfeilern der Loggia zum Hof *(Abb. 58)*. Flammenkandelaber und Flammenvasen treten in einer ungewöhnlichen Fülle nicht nur in der Dekoration des Schlosses von Gaillon, sondern auch an den Gauben von Chenonceau *(Abb. 71)*, Azay-le-Rideau *(Abb. 72)*, dem Flügel Franz I. in Amboise *(Abb. 70)* und in Blois *(Abb. 73)*[23] sowie in Chambord auf.

Der Flammenvase im Hôtel d'Alluye steht eine gleichgestaltete Fruchtschale gegenüber *(Abb. 55)*. Diese Gegenüberstellung wiederholt sich nicht immer symmetrisch, aber häufig in den Reliefs der Portale zum Treppenturm, wo mehrmals Kandelaber mit Flammenschalen und Kandelaber mit Frucht- oder Blütenschalen auftreten oder aber eine Vase mit Blumen einer Vase mit Flammen gegenübergestellt ist, was sich doch sicher auf die beiden Aspekte der Caritas beziehen läßt.

---

[20] R. Freyhan, The Evolution of the Caritas Figure in the Thirteenth and Fourteenth Centuries, Journal of the Warburg and Cortauld Institutes, XI, 1948, p. 68 ff. Guy de Tervarent, Attributs et symboles dans l'art profane, 1450–1600, Genf 1958, Sp. 396.

[21] Nach Howard Saalman, The Authorship of the Pazzi Palace, The Art Bulletin, XLVI, 1964, p. 391 f., beginnt mit diesen Kapitellen die Symbolik in den 70er Jahren des 15. Jahrhunderts in Florenz in den Palastbau einzuziehen. Das gesamte Gebiet der Bauornamentik harrt aber noch einer genaueren Untersuchung. Einige Kapitelle im Hof des Palazzo Pazzi tragen anstelle von Flammen Eichenblätter und Eicheln in den Kandelabern.

[22] Bei René spielte die Flammenvase in Anspielung auf seine Devise »D'ardant Désir« eine bedeutende Rolle (Volker Herzner, Die Segel-Imprese der Familie Pazzi, Mitteilungen des Kunsthistorischen Instituts in Florenz, XX, 1976, bes. p. 27. In der Regel wurde angenommen, daß die Flammenvase eine Anspielung auf die den Pazzi obliegende Zeremonie der Verbreitung des Osterfeuers darstellt). Um die enge Beziehung zu König René zu dokumentieren, hatten die Pazzi sein Wappen und seine Impresen an ihrer Villa oder an ihrem Stadtpalast in einem Tondo von Luca della Robbia anbringen lassen (John Pope-Hennessy, Catalog of Italian Sculpture, London 1964, I, p. 112 ff., Abb. 111). Bei der Verbreitung dieses Motives, wie sie sich bisher wenigstens in Frankreich nachweisen läßt, müßte seine Bedeutung im Palazzo Pazzi vielleicht doch noch einmal überprüft werden.

[23] Hier sind auch an den Kaminen des Daches Flammenvasen dargestellt, wie später in Chambord.

Damit dürfte hinreichend deutlich werden, daß diese Symbole auch in Frankreich ihr Gewicht hatten und nicht immer nur als rein dekorative Form innerhalb der Renaissanceornamentik aufgefaßt werden können, noch zumal das Füllhorn nicht nur auf die Caritas, sondern ganz allgemein auch auf die gute Regierung, den Wohlstand, verweist.

Nicht allein in den Konsolen des Mitteldurchganges von Chenonceau treten Flammenvase und Fruchtvase auf, auch an der Tür der Treppe stehen Flammenvasen mit Füllhörnern zusammen und über der Tür zur Kapelle große rundplastische Flammenkandelaber, was eine religiöse Deutung nahelegt *(Abb. 62)*[24], wie die Flammenkandelaber des Retabels der Kapelle des Schlosses von Gaillon *(Abb. 63)* vermuten lassen.

Waren Flammenschalen und Fruchtschalen als zusammengehörige Symbole religiösen Inhaltes der Caritas, der Liebe zu Gott und der Nächstenliebe, in Gaillon, im Hôtel Lallement usw. auch gemeinsam dargestellt, so sucht man bei den späteren Schlössern die Fruchtschale oder das Füllhorn meist vergeblich. Welcher Wandel hat sich vollzogen?

In La Possonière[25] treten die Symbole im Relief am Fenster der Gaube auf; die freiplastischen Kandelaber auf dem Wimperg oder Giebel der Gaube sind aber nur aus Blattwerk gebildet. In Chenonceau sind die Kandelaber der Lukarnen zwar auch noch zu Teilen mit Blattwerk versehen, an ihrer Spitze lodern aber überall Flammen *(Abb. 71)*. Das gleiche gilt für den Flügel Franz I. in Amboise *(Abb. 70)* sowie in Blois *(Abb. 73)* und auch für Azay-le Rideau *(Abb. 72)*[26].

In diesen Bekrönungen der Gauben wäre demnach das Sinnbild für ›Amor proximi‹ aus der Ikonographie der Bauten verschwunden, und es würde mit der Flammenvase

---

[24] In ähnlichem Sinne könnte die Darstellung von Flammenvasen und Füllhörnern, an deren Früchten Vögel picken, am Retabel der Kapelle des Schlosses von Kardinal Georges d'Amboise verstanden werden, zumal dieses Motiv in der kirchlichen Architekturdekoration Italiens in gleicher Form erscheint, u. a. in S. Anastasia in Verona (Elisabeth Chirol, Le château de Gaillon, Rouen, Paris 1952, p. 206, pl. XXV) und in vielen anderen Denkmälern, was man bisher weder beachtet noch zu deuten versucht hat.
Flammenvasen und Blumenvasen zieren aber auch die Fensterrahmungen des Torbaues von Gaillon. Füllhörner an Kandelabern kehren weiterhin am Triumphbogen dieses Schlosses wieder, der in der Ecole des Beaux-Arts in Paris aufgestellt war (Chirol, a. a. O., pl. XX) und, wie die Zeichnung Ducerceaus zeigt, auch am Brunnen im Garten von Gaillon, neben dem Wappen des Kardinals (Chirol, a. a. O., pl. IV).

[25] Flammenschalen zusammen mit Fruchtschalen ließ sich Louis de Ronsard an seinem Landsitz La Possoniére (westlich von Montoire gelegen) in den die Gaubenfenster rahmenden Pilastern und im Fensterkreuz darstellen. Dieses Motiv kehrt auch am Kücheneingang neben den Initialen des Bauherrn wieder. Abb. in Joseph Müller-Marein, Helmut Domke, Jardin de la France, Schlösser an der Loire, Hameln 1967, Abb. 9 und p. 184, Abb. 154. Als Anspielung auf ›Ronce ard‹ sind am Kamin brennende Brombeersträucher dargestellt. Gebelin, a. a. O., p. 124.

[26] Nur mit dem Unterschied, daß die in ihrer Form strengeren Kandelaber von Chenonceau einen quadratischen, die von Azay-le-Rideau einen runden Querschnitt haben. Auch Leonardo entwirft Flammenvasen für ein Fenster von Romorantin 1517–18. (Carlo Pedretti, Leonardo da Vinci, The Royal Palace at Romorantin, Cambridge, Mass. 1972, fig. 136 n., fig. 167.) Für den Torre Borgia im Vatikan hatte Giuliano da Sangallo Flammenvasen auf den Pfeilern der Balustrade vorgesehen (Zeichnung Uffizien 134 A r). Die Vase in Form der italienischen Renaissance wird in die französische Baukunst vorerst aber nicht aufgenommen.

nur noch auf ›Amor Dei‹[27] hingewiesen? Die Caritas ist aber sowohl von Pollaiuolo (Uffizien) wie von Filippino Lippi in der Capella Strozzi von S. Maria Novella und in vielen anderen Beispielen allein mit dem Attribut einer Flammenvase versehen worden. Der Stich nach einem Tabernakelentwurf des Rosso Fiorentino aus den frühen dreißiger Jahren des 16. Jahrhunderts zeigt zum einen Flammenkandelaber über dem ersten Geschoß des Tabernakels, über dem zweiten tragen Engel Flammenschalen (Abb. 53), was sich auf Amor Dei beziehen wird; auf der Kuppel dieses Tabernakels ist aber die Flammenschale Attribute der Caritas[28]; sollten alle Attribute das gleiche aussagen?

Die enorm große Zahl von Denkmälern, in denen das Motiv des brennenden Kandelabers an profanen Denkmälern allein auftritt, könnte dafür sprechen, daß es sich hier um einen anderen symbolischen Gehalt handelt. Schon Francesco Colonna definiert in seiner Hypnerotomachia Poliphili[29], die in Frankreich ungewöhnlich große Beachtung gefunden hatte; »uno antiquario vasculo, ne lo hiato buccale dil quale ardeva una flammula« ist das Zeichen für »Amor«[30]. Sein Venustempel ist rings von Flammenvasen umstellt (Abb. 99 und 101).

In der bildenden Kunst hatte diese Bedeutung schon bei der Illustration der Triumphe Petrarcas ihren Niederschlag gefunden, in denen Cupido eine Flammenvase beigegeben wurde[31]. Flammen der Liebe schlagen aus der Hand der Venus in einer Illustration des Rosenromans[32] (Abb. 67); in der Hand eines Puttos im Medaillon der Fassade der Certosa von Pavia in der Art des Amadeo und in einem offenbar aus der gleichen Tradition

---

[27] Reallexikon zur deutschen Kunstgeschichte, Stichwort: Barmherzigkeit.
[28] Die Flammenschale steht, wie in dem Entwurf für die Fassade von San Lorenzo in Florenz, auf ihrem Kopf. Kat. l'Ecole de Fontainebleau, Paris 1972, No. 279. Brennende Kandelaber umstanden den aufgebahrten Toten. Vgl. Rosso Fiorentino, Allegorie des Todes der Laura (Abb. in: L'art de Fontainebleau, Paris 1975, p. 18, fig. 3).
[29] 1499 in Venedig bei Aldus Manutius erschienen, ed. critica Giovanni Pozzi und Lucia L. Capponi, 2 Bde., Padua 1964.
[30] Hypnerotomachia Poliphili, a. a. O., I, p. 278. Guy de Tervarent, a. a. O., Stichwort: Vase dont émane une flamme, Sp. 396.
Den Gedenkstein für Artemisia schmücken in der Illustration der italienischen Ausgabe der Hypnerotomachia Poliphili Geräte zur Aufnahme des Feuers, wie sie ähnlich am Turm des Castello Sforzesco in Mailand zu sehen sind. Putten halten brennende Fackeln, und die griechische Inschrift besagt: specchio d'amore.
[31] Van Marle II, fig. 133, Tervarent ibid. Flammenschale und Füllhörner sind der Allegorie der Keuschheit in den Illustrationen Petrarcas Trionfi von 1488 zugeordnet (Roy Strong, Splendor at Court, Boston 1973, p. 27, Abb. 15).
[32] Von der Venus heißt es:
»Elle tint un brandon flamant
En sa main destre, don la flame
A echaufee mainte dame.«
Siehe: Fritz Saxl, Die Bibliothek Warburg und ihr Ziel, in: Vorträge der Bibliothek Warburg, 1921–1922, p. 4, Taf. II, Abb. 3. Zu Caritas und Liebe siehe auch Eduard Wechßler, Eros und Minne, in: Vorträge der Bibliothek Warburg, 1921–1922, insbes. p. 72 ff.
Wenn Flammen aus der Hand des heiligen Bernhard von Siena schlagen, so kann hier die gleiche Form nur Gottesliebe meinen: Predella des Altares der Fürbitte Christi und Mariae von Filippino Lippi in der Alten Pinakothek, München, und auf einer Tafel im Kunsthandel, die 1979 auf der Mostra dell'Antiquariato in Florenz zu sehen war.

stammenden Tondo in Ambras *(Abb. 66 und 68)* stehen sie jedoch für die Seele und das ewige Leben³³.

Auch die venezianische Palastarchitektur des ausgehenden 15. Jahrhunderts kennt das Motiv der Flammenvase in der Fassadendekoration. Über den Fenstern des piano nobile des Palazzo Contarini dal Zaffo Manzoni Angaran am Canale Grande stehen Flammenvasen und – soweit ich erkennen kann – Fruchtschalen nebeneinander³⁴. Am Palazzo Lando Corner Spinelli stehen große Flammenvasen über den Tondi des Hauptgeschosses³⁵, am Palazzo Moro Barbini *(Abb. 100)* und am Palazzo Grimani Marcello Giustinian *(Abb. 102)* stehen sie über den Fensterbögen.

Etwa gleichzeitig mit der ›Himmlischen und irdischen Liebe‹ von Tizian (um 1514)³⁶ treten die Flammenvasen in großer Zahl sehr augenfällig auch an den Lukarnen französischer Schlösser auf. In Oberitalien hatte sich zu dieser Zeit eine symbolische Auffassung der Mythologie verbreitet, die christliche und profane Symbole in moralisierender Form miteinander verband³⁷.

Die Zahl der Beispiele in Frankreich ist Legion, das Motiv eine ausgesprochene Modeerscheinung der Zeit. Im Hôtel Lallement in Bourges sind auf dem Kamin neben den Impresen Ludwigs XII. und der Anne de Bretagne, dem gekrönten Stachelschwein und dem gekrönten Hermelin, Flammenkandelaber mit Füllhörnern dargestellt und

---

33 Nach Janson, a. a. O., p. 429, führte Giovanni Boldù dieses Motiv durch den Revers seiner Medaille von 1458 ein (Janson, Abb. 7, Hill, Nr. 421). Ihm folgt das Marmormedaillon an der Certosa. Jean Seznec, Youth, Innocence and Death, Journal of the Warburg Institute, I, 1937, p. 298 ff.
Der Tondo in Ambras: Kunsthistorische Sammlungen Schloß Ambras. Die Kunstkammer, Führer durch das Kunsthistorische Museum, Nr. 24, Innsbruck 1977, p. 172, Nr. 438.
34 Abb. bei Loredana Olivato Puppi und Lionello Puppi, Mauro Codussi, Mailand 1977, p. 236 ff.
35 ibid. Abb. 95–97. Vergleiche die Flammenvasen an Codussis Scuola Grande di San Marco, ibid. Abb. 35–39. Das Gesims unter dem Mittelgiebel zeigt Fruchtschalen, an denen Vögel picken, der Bogen des Giebels ist mit Füllhörnern dekoriert.
36 Eugène B. Cantelupe, Titian's Sacred and Profane Love Reexamined, The Art Bulletin XLVI, 1964, p. 224. Harold E. Wethey, The Paintings of Titian, III, London 1975, p. 20, Kat. Nr. 33, p. 375 ff. Mit einer Zusammenfassung der bisher gegebenen Deutungen. Die »irdische Venus« hält neben sich eine Schale und Blumen in der Hand, die ›Himmlische Liebe‹ kündet mit der Flammenvase als Amor Dei und Venus Caelestis von der Herrlichkeit Gottes.
Die Dissertation von Theodor Blasius, Das himmlische Feuer. Eine motivgeschichtliche Studie, Bonn 1949, Maschinenschrift, gibt für das hier behandelte Thema direkt nichts her.
R. Freyhan, The Evolution of the Caritas Figure in the Thirteenth and Fourteenth Centuries, Journal of the Warburg and Courtauld Institutes, XI, 1948, p. 68 ff. Schon im Rosenroman erscheint Venus mit einer Fackel. Siehe Freyhan, p. 75. Die »irdische Venus« ist mit einer Vase mit Blumen in einem Gemälde dargestellt, das in die Zeit Franz I. zu datieren ist (Bourges, Musée du Berry, Kat. L'Ecole de Fontainebleau, Paris 1972, No. 236).
Blumen allein dargestellt, können auf die Tugend weisen. Der Drucker Geoffroy Tory hat eine Blumenvase in seinem Markenzeichen, die er folgendermaßen erklärt:
»Le feuillage et les fleurs qui sont au dict Pot signifient les vertus que notre corps pouvoit avoir en soy durant sa vie.« Tervarent, a. a. O., Sp. 192, IX.
37 Erwin Panofsky, Studies in Iconology, New York 1939, Kapitel V, The Neoplatonic Movement in Florence and North Italy.

Kandelaber mit Füllhörnern, an deren Früchten Adler picken, also ein Hinweis auf die Caritas des Herrschers, des Königs? *(Abb. 65)*[38].

Im Kaminschmuck des ersten Geschosses im 1515 begonnenen Flügel Franz I. in Blois rahmen drei vollplastische Flammenkandelaber die von geflügelten Putten getragenen Impresen Franz I. und der Claude de France, und zwar derart freiplastisch, daß man, wie über der Kapellentür in Chenonceau, an reale Kandelaber erinnert wird *(Abb. 64)*. In Blois entsteht aber der Eindruck, als seien sie allein zur Verherrlichung der Impresenträger aufgestellt. Ob daraus schon ein vollzogener Wandel zur säkularisierten Bedeutung abgelesen werden kann, ist nicht schlüssig nachzuweisen[39], wohl aber wahrscheinlich, da auch die Flammenkandelaber der Gauben nur noch in einem humanistischen, moralischen Sinn zu verstehen sind (siehe S. 45 ff.). In gleichem Sinne werden die großen, reliefierten Flammenkandelaber an den Pfeilern der Treppe Franz I. in Blois zu verstehen sein. An der Triumphpforte Kaiser Maximilians I. von 1515 läßt sich durch die zeitgenössische Deutung Stabius' belegen, daß Flammenkandelaber zum Fürstenlob gehörten. Stabius schreibt, daß die Fackeln und Leuchter dazu dienen, »die Ehre und den Ruhm seiner Majestät zu erleuchten und Licht auf die Wahrheit zu werfen« *(Abb. 51)*[40].

Das Bewußtsein für die Inhalte ist also vorhanden, so daß man für die Flammenkandelaber, die noch dazu an entscheidenden Orten innerhalb eines Baues erscheinen, eine Aussage voraussetzen kann[41]. Das Zeichen der in ihren Renaissanceformen die

---

[38] Die Inschrift auf dem Kamin, von der auf alten Fotos / LAVS / DOMINI in Aeternum / Cant / zu lesen ist, läßt auch hier eine religiöse Deutung der Motive im profanen Raum als Hinweis auf die Caritas zu, die sich auch auf den König beziehen könnte. Ob die Inschrift zeitgenössisch ist, ließ sich allerdings nicht feststellen (Abb. Paul Vitry, Hôtels et maisons de la Renaissance française, Paris o. J., II, pl. XXIV). Ein solcher Zusammenhang dürfte auch für den plastischen Schmuck des Kamines des sogenannten Ancien Hôtel de Thomas Bohier in Tours bestehen (heute im Château Plessis-lès-Tours, freundliche Auskunft von Jean Guillaume), wo außer den Impresen die gleichen Motive auftreten (mit Delphinen in den Kandelabern) und dazu noch Vasen mit Blumen, von denen die mit Lilien wohl als Hinweis auf die Jungfrau Maria zu verstehen sind (Abb. in Vitry, II, pl. XI). Caritas war auch die ›Mater virtutum‹. In Italien ist z. B. ein Kamin im Palazzo Piccolomini, Pienza, mit Flammenvasen über Kandelabern dekoriert (von Bernardo Rosselino?). Paare von Kandelabern mit Früchten und mit Flammen sind auch oft an Portalen zu Treppentürmen dargestellt worden, u. a. im Hôtel d'Alluye in Blois (Vitry II, pl. IV) und im Hôtel d'Aussargues in Toulouse (Vitry II, pl. LXXXVII).
Das Füllhorn steht auch für »Libralitas«, »Publicae felicitas« und Spes, siehe George Francis Hill, A Corpus of Italian Medals of the Renaissance, London 1930, Nr. 333, 794, 335, 336, sowie für Fortuna und Virtus, Hill, a. a. O., Nr. 550, 937.

[39] In den rahmenden Pilastern sind die an Früchten pickenden Vögel dargestellt und auf dem Kaminsims die sich aus Ranken entwickelnden Füllhörner.

[40] Erwin Panofsky, Das Leben und die Kunst Albrecht Dürers, ed. Darmstadt 1977, p. 237. Unter der Widmungstafel steht auf einem Schriftband zu lesen: »Diese Victorien hie gemalt wolt ir verstan in der gestalt das Kaiserliche Majestät sovil und mer getrieben hat fürstlicher ding und grosser sach als je von fürsten mer geschach.« Die Flammenschale erscheint auch in den Medaillons der antiken Herrscher und der Minerva von Gaillon, zusammen mit Fruchtgirlanden, an denen Vögel picken.

[41] Nicht immer läßt sich wie hier eine inhaltliche bewußte Einsetzung dieser Motive bei Bildhauern und Bauherren voraussetzen. Derartige Motive unterlagen modischen Einflüssen, und es läßt sich mit Cellini sagen, daß manche unverständige Künstler ..., die allenfalls etwas mit einiger Anmut zu machen verstanden, dennoch ihren Vorstellungen keine Bedeu-

Antike evozierenden Flammenkandelaber hätte so vielleicht auch an den französischen Schlössern seine Deutung gefunden. Diese Deutung gäbe auch die Erklärung dafür ab, warum dieses Symbol zu dieser Zeit seltener an Kirchen[42], vielmehr gerade im Profanbau eine so ungewöhnliche Verbreitung gefunden hatte.

Zuletzt sollte auch nicht übersehen werden, daß sich besonders in der Ikonographie der königlichen Entrées neue Wertvorstellungen durchzusetzen begannen, die sicher einen Einfluß auf die Symbolik im Schloßbau ausgeübt haben. Hier wäre vor allem auf den ›Kult‹ der Sapientia und der Minerva hinzuweisen[43]. Cesare Ripa gibt der ›Sapienza‹ neben einem Buch auch eine Flammenvase in die Hand[44]. Er definiert: »La fiamma è il natural desiderio di sapere, nato dalla capacità della virtù intellettiva, la quale sempre aspira alle cose alte, e divine«[45].

Die Flammenkandelaber von Chambord dürfen keinesfalls als ein dem König vorbehaltenes Hoheitszeichen mißverstanden werden, was ja auch ihr Vorkommen in Chenanceau, Azay-le-Rideau usw. zu verstehen gibt.

Für den Wandel zur Säkularisierung der Inhalte spricht auch die 1545 von Beatrizet nach Baccio Bandinelli gestochene Zeichnung, die einen Kampf zwischen Göttern darstellt, eine Psychomachia, in der ›mens‹ die ›ratio‹ erleuchtet. Eine weibliche Gestalt fliegt den um Jupiter und Apoll versammelten klugen und tugendhaften Göttern mit einer Flammenvase entgegen, während sie deren Gegner mit Venus und Cupido, die die Leidenschaften repräsentieren, mit Wolken überzieht, die sich über dem Venustempel zusammenballen (Abb. 75)[46].

---

tung zu geben wußten (Leben des Benvenuto Cellini, übersetzt von Goethe [Rowohlts Klassiker 22/23], 1957, p. 200). Vorbilder konnten kopiert und abgewandelt übernommen werden, ohne daß ihre inhaltlichen Aussagen immer verstanden wurden.

42 Das vor allem den Franzosen bekannte Beispiel einer Kirche mit Flammenkandelabern über Türmen und Giebeln war natürlich die Certosa von Pavia. In Frankreich ist eines der bedeutendsten Beispiele mit Flammenkandelabern die Kirche St. Pierre in Caen (Chor 1518 bis 1545).

43 In Nicolo Pisanos Kanzel des Sieneser Doms halten Caritas und ein Putto ein Füllhorn, aus dem Flammen schlagen. Dieses Attribut hat an dieser Kanzel auch die Personifizierung der Philosophie oder Sapientia. Siehe Freyhan, a. a. O., p. 74. Valeriano definiert in seinen Ieroglifici, Venedig 1625, p. 622, ganz allgemein »fuoco = una virtù divina«. Siehe auch das Kapitel Franz I. und die Weisheit in der fürstlichen Allegorie.

44 ed. Rom 1603, p. 440 f.

45 Ripa, a. a. O., p. 239, Flammenkandelaber werden auch der Veritas beigegeben, vgl. Hill, a. a. O., Nr. 251.

46 Erwin Panofsky, Studies in Iconology, New York 1939, p. 149. Jean Seznec, The Survival of the Pagan Gods, New York 1953 (erste, französische Ausgabe, London 1940), p. 110, Abb. 38. Tervarent, a. a. O., Sp. 398 f.
Anticos Medaille für Francesco Gonzaga mit dem Motto ›Probitas Laudatur‹ trägt auf dem Revers eine Flammenvase. Die Beischrift zum Kupferstich lautet:
   »En Ratio dia, en hominum aerumnosa Cupido
   Arbitrio pugnant, Mens generosa, tuo.
   Tu vero hinc lucem factis praetendis honestis,
   Illine obscura nube profana tegis.
   Se vincat Ratio, cum sole micabit in astris;
   Si Venus, in terris gloria fumus erit.
   Discite, mortales, tam praestant nubibus astra,
   Quam ratio ignavis sancta cupidinibus.«

Rauch wird im Gegensatz zum Licht von den Ikonographen des 16. Jahrhunderts als Symbol für Ignorantia und Laster gegenüber der Doctrina bezeichnet[47] und in diesem Gegensatz auch von Paolo Veronese in einer Zeichnung des Louvre dargestellt *(Abb. 78)*. Im Sieg der Tugend über das Laster steht die Flammenvase auf der Seite der Tugend, und die Vase, aus der nur noch Rauch quillt, auf der Seite des Lasters.

Zur weiteren Erhellung der Bedeutung der Flammenkandelaber hilft vielleicht auch der Zusammenhang, in dem sie an Gauben auftreten. In Chenonceau sind es Kinderköpfe und Muscheln, in Azay-le-Rideau Muscheln, in Blois am Flügel Franz I. einmal eine Muschel, sonst jugendliche Köpfe in den Giebeln sowie Putten mit Girlanden. Die Muscheln in der Zusammenstellung mit Flammenkandelabern in Chenonceau, Azay-le-Rideau, Blois und Chambord und vielen anderen Bauten[48] könnten allenfalls einen Hinweis auf Venus geben. Wird hier in anderer Form gesagt, was Tizian in seinem Gemälde »Himmlische und irdische Liebe« durch die beiden Erscheinungsformen der Venus ausdrückte?

Eine Quelle für die Bedeutung der Putten ist, abgesehen von dem genannten Kupferstich Beatrizets, wiederum Stabius, der sie an der Triumphpforte Kaiser Maximilans I. *(Abb. 51)* folgendermaßen beschreibt: »Die zahlreichen cupidi, Kinder der Venus, der die Myrthe heilig war, sind auf Taten zu beziehen, die einer ›Ovation‹ würdig sind, wobei der Sieger einen Myrthenkranz, statt des Lorbeerkranzes trug«[49].

Wenn durch die Bauplastik, in der so auffällig bestimmte Symbole bevorzugt wurden, eine Aussage gemacht werden sollte, dann könnten die girlandentragenden Putti in Blois wie in Chambord auf die Abundantia verweisen und die Putten selbst die menschlichen Leidenschaften symbolisieren, denn nach dem älteren Philostrat sollte man nicht über ihre Anzahl erstaunt sein. Sie sind die Kinder der Nymphen, die das menschliche Geschlecht beherrschen. Sie sind zahlreich, denn zahlreich sind auch die Dinge, die die Menschen begehren, ähnlich spricht Giambattista della Porta über das Wesen der Kinder[50]. Putten finden sich in Chambord in verschiedenen Eigenschaften über Giebeln u. a. als Musikanten, als Schildhalter *(Abb. 80)* und Vasen flankierend *(Abb. 81)*.

---

[47] Giov. Piero Valeriano, I Ieroglifici, ed. Venedig 1625, p. 624: »E ancora il fumo simbolo, e figura dell'ignoranza, perchè il lume è segno della dottrina, à cui è contraria la caligine ... Si trasferisce ancora i vitii, come Clemone Alessandrino disse, che i vitii sono a guisa d'un gran fumo, il quale tutta questa casa del mondo ha ripiena, ...«

[48] So z. B. an Saint-Aignan, Montal, Chateaubriant, Villegongis (an der noch erhaltenen alten kleinen Gaube der Gartenseite) und La Rochefoucauld.

[49] Erwin Panofsky, Das Leben und die Kunst Albrecht Dürers, ed. Darmstadt 1977, p. 237. Zu Putten und Engeln in der italienischen Malerei siehe Jacob Burckhardt, Beiträge zur Kunstgeschichte von Italien, ed. Wölfflin, Stuttgart, Berlin, Leipzig 1930, pp. 53–64. Siehe auch Wilhelm Messerer, Kinder ohne Alter, Putten in der Kunst der Barockzeit, Regensburg 1962.

[50] Imagines I, 6. Tervarent, a. a. O., Sp. 23 f. Philostratos, Die Bilder I, 6, 1, griechisch-deutsch, ed. Otto Schönberger, München 1968, p. 99: »Wenn es aber viele sind, wundere dich nicht, denn sie sind Nymphenkinder, die alle Menschen beherrschen, viele um des vielen willen, wonach der Menschen Sinn steht; der himmlische Eros aber soll im Olymp über dem Leben der Götter walten.«
Eroten sind nach Plato Kinder der Aphrodite Pandemos. Plato, Symposion 185 C. Siehe auch Alciato, Emblemata, XCVII u. a. Im Sinne Philostratos' spricht Giambattista della Porta

An der Treppe Franz I. in Blois finden sich auch gekreuzte Füllhörner, aus denen Flammen schlagen *(Abb. 59)*, das ist ein Motiv, das schon am Treppenturm des Hôtel d'Alluye in Blois auftritt. In monumentaler Form schmücken gekreuzte und zusammengesteckte, doppelte und dreifache Füllhörner mit Flammen, ringsum von Rüstungen umgeben, die Pfeiler der Scala Barbarigo oder Scala dei Giganti des Dogenpalastes in Venedig *(Abb. 61)* und lassen sich davor schon in der Dekoration der Treppe des Palazzo Gondi von Giuliano da Sangallo in Florenz nachweisen. Es scheint, als würde gerade dieses Motiv eine bevorzugte Rolle in der Dekoration und Ikonographie der Treppe gespielt haben.

Die von Antonio Rizzo zwischen 1485 und 1494 errichtete Treppe des Dogenpalastes war Zeremonialtreppe; auf ihr wurde der Doge gekrönt, hier empfing er, hier nahm er an den Festen im Hof teil. Wenn das Programm der Dekoration der Treppe auch noch keine befriedigende Deutung gefunden hat, können die Füllhörner mit Flammen doch kaum anders als programmatische Deklaration des Staates verstanden werden[51].

Am Flügel Franz I. in Blois stehen Flammenkandelaber über einem Satyrkopf, dem Sinnbild des Lasters *(Abb. 77)*, auf der Spitze des Giebels *(Abb. 73)*[52]. Die Flammenkandelaber über Satyrköpfen lassen sich sowohl mit der Zeichnung Paolo Veroneses *(Abb. 78)* als auch mit dem Druckerzeichen des Joan Andrea Vavassore aus der ersten Hälfte des 16. Jahrhunderts vergleichen, in der die Tugend das Laster in Gestalt eines Satyrs überwindet *(Abb. 74)*[53], was inhaltlich an Boticellis Kampf der Minerva mit

---

in Della Fisonomia dell'huomo, Padua 1623 (1. Ausg. 1586), von den Kindern: »Che l'anima nostra sia afflitta dalle passioni del corpo, lo dimostrano i bambini, i quali scoprono le loro operationi non per ambitione, dottrina, ò simulatione, ma solamente come gli detta la natura. Perche nella loro fanciullezza veggiamo altri esser pattrosi, altri esser paurosi, altri golosi, et insatiabili, altri che soffriscono agevolmente il digiuno, altri vergognosi, altri senza vergogna, onde veggendo queste cose, bisogna a forza confessare, ò che l'anima prima, che venghi in quel corpo fosse con quelle medesime passioni, ò che ritrovando quelle nel corpo, sieno sforzate, e tirannizzate dal corpo a cosi fare.« Vgl. auch Picatrix IV, 243, Hellmut Ritter, Picatrix ein arabisches Handbuch hellenistischer Magie, in: Vorträge der Bibl. Warburg 1921–1922, p. 102.

51 Michelangelo Muraro, La Scala senza Giganti, in: De artibus opuscula XL, Essays in Honor of Erwin Panofsky, New York 1961, I, p. 350 ff. Wiebke Pohlandt, Antonio Rizzo, in: Jahrbuch der Berliner Museen, XIII, 1971, zur Scala dei Giganti, Fragen der Zuschreibung, p. 191 ff. Das Motiv der Füllhörner mit Flammen, die in Italien und Frankreich sicher noch öfter zu finden sind, scheint eine Erfindung oder wenigstens eine Kombination der Neuzeit zu sein, denn in der Antike sind Füllhörner sinnvoll nur mit Früchten gefüllt dargestellt worden. Freundliche Mitteilung von Maria Radnoti-Alföldi. Die Waffen um die Füllhörner könnten als aufgelöstes Tropaion und somit vielleicht als Zeichen des Sieges verstanden werden.

52 Wir müssen allerdings voraussetzen, daß diese Bauteile getreu rekonstruiert worden sind, was im übrigen für alle hier zu besprechende Bauplastik gilt, denn die Kleinformen an den Lukarnen sind besonders stark der Witterung ausgesetzt. Die im Schloß von Blois noch erhaltenen Teile der originalen Gauben des Flügels Franz I. machen eine genaue Rekonstruktion im 19. Jh. sehr wahrscheinlich. Das Motiv des Flammenkandelabers über einem Satyrkopf wurde in Le Lude kopiert.

53 Das Druckerzeichen führt die Legende VIRTVS SOLA POTENS VITIVM SVB TARTARA MITTIT. Paul Kristeller, Die italienischen Buchdrucker- und Verlegerzeichen bis 1515, Straßburg 1893, fig. 331. Wie verbreitet die Vorstellung der »Überwindung« war, zeigt die Deutung der Darstellung eines »Cupido auf einem Löwen« durch Anton Francesco Doni

dem Kentauren⁵⁴ erinnert oder an Franz I. Medaille, die ihn hoch zu Roß mit einer Keule als Überwinder der ihm zu Füße liegenden Fortuna zeigt⁵⁵.

Schließlich hat auch Vasari in einem Bildnis des Lorenzo il Magnifico von 1534 durch eine gleiche Suprapositon die Überwindung des Lasters durch die Tugend verdeutlicht *(Abb. 79)*. Eine Vase, »VIRTVTVM OMNIVM VAS« beschriftet, steht auf einem Satyrkopf. Wie die Inschrift auf dem Sockel besagt, bedeutet dieses Motiv, daß die Laster durch die Tugend unterworfen werden: »VITIA VIRTVTVM SVBIACENT«⁵⁶.

Die hochgestreckten Kandelaber, die in großer Zahl die Lukarnen umstehen, verschwinden nach Chambord zusammen mit den Lukarnen aus der Bauplastik. Dafür werden die niedrigen Flammenvasen eingeführt, d. h. die Ikonographie lebt in gewandelter Form fort. Als letztes Beispiel soll hier der Louvre genannt werden, der erst unter dem Sohn Franz I., Heinrich II., vollendet wurde. Hier stehen über der Attika, zwischen den Segmentgiebeln, wie über den Gauben des Flügels Franz I. in Blois, Flammenvasen auf Satyrköpfen *(Abb. 76)*⁵⁷. Der programmatisch konzipierte Bauschmuck des Louvre läßt keinen Zweifel, daß den Flammenvasen eine Bedeutung innewohnt. In Anlehnung an Platons »Staat« sind in der Attika jeweils unter den drei Giebeln der Nährstand, der Wehrstand und der Lehrstand dargestellt⁵⁸. In dieses in der

---

in der Sammlung Vendramin: »che l'amore doma ogni gran ferocità e teribilità di persone«. Anton Francesco Doni, I Marmi, Venedig 1552, III, f. 40 f., nach Jaynie Anderson, A further Inventory of Gabriel Vendramins's Collection, in: Burlington Magazine CXXI, 1979, p. 640.
In der Szene der »Ignorance chassée« der Galerie in Fontainebleau läßt Franz I. die Laster und Ignoranz hinter sich und tritt in den lichterfüllten Tempel Jupiters ein. Männliche und weibliche Satyrn rahmen das Bildfeld. Dora und Ernst Panofsky, The Iconography of the Galerie François Iᵉʳ at Fontainebleau, Gazette des Beaux-Arts; LII, 1958, p. 119 f. Die Vasen, die sie tragen, stammen nach Lossky aus der Zeit der Rekonstruktion der Decke (Zeitschrift für Kunstgeschichte, 37, 1974, p. 49).

54 Literatur bei Roberto Salvini, Tutta la pittura del Botticelli, Mailand 1958, I, p. 64 f. Gombrich zitiert Marsilio Ficino: »bestia noster, id est sensus, homo noster, id est ratio.« Webster Smith will in der Minerva eher Ficinos Vorstellung von der Venus – humanitas verwirklicht sehen (On the Original Location of the Primavera, Art Bulletin LVII, 1975, p. 36).

55 Walbe, a. a. O., p. 61 f., Abb. 30. Vgl. Guy de Tervarent, a. a. O., Sp. 391, no. 4, Fig. 75: Putto über Satyr.

56 Vasari, Libro delle Ricordance, ed. del Vita 1938, p. 22. Karl Frey, Der literarische Nachlaß Giorgio Vasaris, I, München 1929, p. 17 f. Brief V. Mit einer von der Ausführung leicht abweichenden Beschreibung der Ikonographie. Ute Davitt Asmus, Corpus Quasi Vas, Beiträge zur Ikonographie der italienischen Renaissance, Berlin 1977, p. 54 ff.; zu virtù und Lorenzo il Magnifico ibid. p. 49; zu virtus – lumen, p. 52 u. p. 86, Anm. 48.

57 Zwischen die Vasen ist jeweils ein Halbmond eingesetzt, in dem sich eine Blattranke entfaltet: Hommage an die Mätresse des Königs, Diane de Poitier.

58 Im linken Giebel ist der Nährstand durch Neptun, Abundantia, Bacchus und Pan unter der im Segmentgiebel gelagerten Ceres mit Füllhorn repräsentiert. Im mittleren Giebel sind unter dem von Genien gekrönten Zeichen des Königs Mars und Bellona mit zwei Gefangenen für den Wehrstand dargestellt. Unter einer geflügelten weiblichen Allegorie, der Scientia (?), mit Caduceus und zwei Sphären unter den Girlanden befinden sich im rechten Giebel Archimedes und Euklid mit lesendem und schreibendem Putto, die den Lehrstand darzustellen haben. – Bei Plato sind die drei Stände durch die Erwerbsfreudigen, die Wächter und die Philosophen repräsentiert. – Die Fenster dieses Geschosses sind von Trophäen gerahmt und von Helmen mit gekreuzten Fackeln gekrönt.

französischen Architektur völlig neue ikonographische Programm der Louvrefassade sind die traditionellen Flammenvasen aufgenommen worden, offenbar als wesentliches Element, auf das man nicht verzichten wollte. Die Flammenschale über dem Kopf eines Satyrs kann auch hier nur den durch Tugend und Ratio zu erreichenden Zustand meinen, der die rohe Natur im Menschen überwindet[59]. Eine der Inschriften der Louvrefassade, auf den Tafeln über den Oculi des Erdgeschosses, soll VIRTVTI REGIS INVICTISSIMI gelautet haben[60].

---

[59] Der größte Teil des weiteren Bildschmuckes ist Diane de Poitier gewidmet. Um die Rundfenster im Erdgeschoß gruppieren sich die Allegorien für La Gloire du Roi, La Renommé, Historia und Victoria, Krieg und Frieden. 1553 werden die Reliefs der Attika in Auftrag gegeben (Christiane Aulanier, La salle des Caryatides. Les salles des antiquités grecques, Paris 1957, p. 13). Flammenvasen und Blumenschale bleiben aber auch weiterhin die traditionellen Attribute bei der Darstellung der Caritas (z. B. das Gemälde dieses Themas, von 1560 etwa, Kat. l'Ecole de Fontainebleau, Paris 1972, p. 210, No. 238). In der Bauplastik wandelt sich die traditionelle Form zu gekreuzten Füllhörnern und gekreuzten Fackeln im Fries des von Philibert Delorme errichteten Teiles der Tuilerien für Katharina de'Medici.

[60] W. McAllister Johnson und Victor E. Graham, Ronsard et la *Renommée* du Louvre, in: Bibliothèque d'Humanisme et Renaissance, XXX, 1968, p. 10 und 14. Siehe zum Programm der Louvrefassade auch: Marianne Jenkins, The imagery of the Henri II wing of the Louvre, in: The Journal of Medieval and Renaissance Studies, VII, 1977, p. 289–307.

FRANZ I. UND DIE »WEISHEIT« IN DER FÜRSTLICHEN ALLEGORIE

Der überwiegende Teil der französischen Schloßbaukunst der ersten Hälfte des 16. Jahrhunderts ist in seiner architektonischen Form bar jeder inhaltlichen Bedeutung[1]. Wenn für Chambord eine ikonographische und ikonologische Deutung vorgeschlagen werden soll, so mit der Einsicht, daß diese nicht aus der zeitgenössischen Architektur abgeleitet werden kann, sondern in überwiegendem Maße aus dem Gedankengut der Zeit, das sich besonders deutlich gerade in den literarisch verklausulierten, kurzlebigen Kunstwerken der Entrées spiegelt. Von der Festarchitektur der Entrées sind nur in ganz geringer Zahl bildliche Dokumente überliefert. Zeitgenössische Beschreibungen und Erklärungen der Inhalte der Entrées lassen aber zusammen mit anderen literarischen Zeugnissen die Ikonographie der Leitideen der Zeit rekonstruieren. Aus der Fülle der allegorischen Programme werden hier nur diejenigen vorgestellt, die die Rolle des Königs, seine »Eigenschaften« betreffen, die zur Deutung des Schlosses Chambord und darüber hinaus zum Verständnis des geistigen Klimas der Zeit unerläßlich sind. Vor diesem überwältigenden Panorama erscheint die Ikonographie des Schlosses Chambord relativ bescheiden. Es wird deutlich, daß die Architektur nur ganz am Rande und auch nur gelegentlich an der Königsikonographie teil hat. Die führenden Ideen haben die Architektur noch nicht grundsätzlich in ihren Dienst genommen. Aber nur vor ihrem Hintergrund kann Chambord, »die einzig gebaute Idealarchitektur der Renaissance«, in Architektur und Dekoration verstanden werden.

In der von Guillaume Budé 1518/19 für Franz I. geschriebenen ›Institution du prince‹ ist ›sapience‹ eine Dame, die zu kennen und zu lieben für den König eine wahre Ehre ist, um durch sie die Wahrheit zu erkennen[2]. Mit ›science‹ hat ein Fürst zu regieren, ›sapience‹ und ›prudence‹ mit Fleiß zu suchen. Und mit Plato sieht Budé nur zwei Möglichkeiten, in der Welt glücklich zu leben, entweder wenn die Weisen (hommes saiges) König werden oder die Könige weise[3].

---

[1] Abgesehen von der zwar von Bau zu Bau differenzierten, im Grunde jedoch allgemeinen Bedeutung der »Herrschaftsarchitektur« im Sinne etwa von Stanislaus von Moos, Turm und Bollwerk. Beiträge zu einer politischen Ikonographie der italienischen Renaissancearchitektur, Zürich und Freiburg i. Br. 1974 (mit umfangreichen Literaturangaben zu diesem Komplex und einer Diskussion der Grundfragen).

[2] G. Budé, Institution du Prince, fol. 33 v. »... et pource est ce une uraye gloire et digne de royalle maieste que de congnoistre et aymer une si uenerable dame [sapience] et prendre son esbat auec elle en congnoissant par elle la uerite ...« Siehe Claude Bontems, L'Institution du Prince de Guillaume Budé, in: Le Prince dans la France des XVIe et XVIIe siècles, Paris 1965, p. 49.

[3] Bontems, a. a. O., p. 51. Stets wurde ein Unterschied zwischen scientia und sapientia gesehen, und beide Begriffe wurden in den Diskussionen des 15. und 16. Jahrhunderts ver-

Vor dem Regierungsantritt Franz I. im Januar 1515 hatte Carolus Bovillus (Charles de Bouelles) sein ›Liber de sapiente‹ (1511)[4] veröffentlicht, eine der bedeutendsten Stellungnahmen zur Weisheit in der Renaissance. Für Bovillus ist der Weise der vollkommene Mensch, ein irdischer Gott, der den Schlüssel zum Universum besitzt. Er holt, wie Prometheus, das Feuer der Weisheit vom Himmel. Er ist hoch über alle anderen gestellt, kennt die Geheimnisse der Natur, er allein hat die Befähigung, Königreiche zu regieren[5]. Wie Promotheus ist der Weise ein ›alter deus‹[6]. Bovillus und Budé formulieren, was in den Entrées gängiger Brauch war. Die ›Sapience‹ im christlichen Sinne, bezogen auf die Weisheit der Regierung König Salomos und in Anspielung auf den Kampf gegen die Türken, wurde in der Entrée des gerade gekrönten Königs François Ier am 12. Juli 1515 in Lyon aus dem letzten Buchstaben des Namens FRANÇOIS abgeleitet[7]. Acht Tugenden hatte man aus den insgesamt acht Buchstaben gebildet, die durch Frauen auf Säulen dargestellt wurden. Ein Mädchen, das Sapience zu verkörpern hatte, trug ein Buch in der Hand. Ihr Spruch lautete:

»De say nom, moy vertu droicturière
Par Salomon requise, Sapience,
Des huyt vertus la derrière en la dance
Du nom François, don Foy vu la première,
Car ferme foy portera la bannière,
Contre les Trucs [sic], des fleurs de lys de France;
Moy, Sapience, le guydon en derrière
Gouvernay par divine ordonance[8].«

---

schieden bewertet. Augustinus begann die Diskussion über Weisheit in ›Contra Academicos‹, indem er den Gedanken der Stoiker aufnahm: sapientia est rerum humanarum divinarumque scientia. Die Weisheit beinhaltet die Kentnis der menschlichen und göttlichen Dinge zusammen. Die Humanisten des 15. und 16. Jahrhunderts, sei es Coluccio Salutati, Guillaume Budé, Celtis o. a., kamen zu gleichen Definitionen. Sie diskutierten die relativen Vorzüge des aktiven und kontemplativen Lebens sowie die Frage, ob Weisheit eine moralische oder eine intellektuelle Tugend sei. (Eugène F. Rice, The Renaissance Idea of Wisdom, Cambridge, Mass. 1958, 2. unveränderte Ausgabe Westport, Connecticut 1973, p. 2 f., p. 30. John Francis Freeman, French Humanists and Politics under Francis I., dissertation, Michigan 1969, p. 40 ff.)

[4] Rice, a. a. O., p. 106 ff. Herausgegeben von Raymond Klibanski und abgedruckt in: Ernst Cassirer, Individuum und Kosmos in der Philosophie der Renaissance, Leipzig, Berlin 1927, Reprint Darmstadt 1963 u. 1974, p. 299 ff. Übersetzung ins Italienische von Eugenio Garin, Il Sapiente, Turin 1943.

[5] Rice, a. a. O., p. 117 ff. Vgl. Olga Raggio, The Myth of Prometheus. Its Survival and Metamorphose up to the Eighteenth Century, Journal of the Warburg and Cortauld Institutes XXI, 1958, p. 44 ff.

[6] Rice, a. a. O., p. 119. »Vivit denique in terris ut Deus alter: eterni, primi naturalisque Dei – a quo et Substantiam et Virtutem mutuavit – vera, precipua et substantialis imago.« Klibanski in: Cassirer, a. a. O., p. 318. Bovillus definiert Weisheit als ein universales Wissen.

[7] Georges Guigne, L'Entrée de François Ier roy de France en la cité de Lyon de 12 juillet 1515, Lyon 1899, p. 18 ff.

[8] ibid., p. 49. Ms. Cod. Guelferbytanus 86. 4 Extrav., Wolfenbüttel, mit den entsprechenden Miniaturen. F oy, R aison, A trampance (mit einer Uhr in der Hand), N oblesse, C harité (trägt flammendes Herz in der Hand), O bedience (mit Gesetzestafeln), I ustice (mit Waage), S apience.

Franz I. führt dieses Attribut aber nicht als erster; Francesco Laurana hatte schon für den großen Förderer der Künste, König René I. d'Anjou (1409–1480) eine Medaille entworfen, die auf dem Revers Minerva zeigt, und 1475 weist die Medaille für Lodovico III. Gonzaga mit der Inschrift FIDO ET SAPIENTI PRINCIPI FIDES ET PALLAS ASSISTUNT auf die Verbindung PALLAS – SAPIENTI und bezieht sich damit auf die Weisheit des regierenden Fürsten[9]. Die Devise von Marguerite de France, Duchesse de Berry, Tochter Heinrichs II. mit der Maria de' Medici, formuliert diese Vorstellung mit den Worten »Toutes choses être régies et gouvernées par sapience ou sagesse[10].«

Schon bei der Entrée Charles VIII. in Rouen am 14. April 1485 trat die Personifikation der ›Sapience‹ im Zusammenhang mit den vier Kardinaltugenden, der Pax und Herrschertugenden auf. In einem »tabernacle richement couronnee par dessus d'arches« saß eine »schöne Person, die dem König ähnlich sah« und ihn auf dem Thron mit Zepter und Krone darstellte. Er war von Damen umgeben, die die Kardinaltugenden personifizierten, und der Allegorie der Pax. Unter dem Tabernakel bewachten sieben Personen mit den Buchstaben CHARLES den Thron[11]. Sie hatten folgende Bedeutungen:

C onseil loyal
H ault vouloir
A mour populaire
R oyal pouvoir
L iberalité
E sperance
S apience

In der Entrée Charles VIII. in Paris, ein Jahr zuvor, am 5. Juli 1484, erschien ›Science‹ schon in Gemeinschaft mit ›Justice, Misericorde, Amour, Raison und Paix‹[12].

Franz I. wurde bei seiner Entrée in Le Puy des Jahres 1533 ein Triumphbogen errichtet, unter dem der Salamander, als Emblem des Königs, von den Allegorien der sieben freien Künste zusammen mit ihren Vertretern umgeben war. Darüber erschien Minerva, die eine Ansprache an den König hielt, den »prince savant«[13].

Auch die Allusion auf Salomo war keineswegs etwas Neues in den Entrées zur Zeit Franz I. Schon Charles VIII. 1486 in Paris und Louis XII. 1514 in Paris wurden mit dem

---

[9] Guy de Tervarent, Attributs et symboles de l'art profane 1450–1600, Genf 1958, Sp. 271. Pontano erinnerte sich, als Junge gehört zu haben, daß Cosimo de' Medici und der Doge Francesco Foscari ›sapientes‹ genannt wurden, weil beide die öffentlichen Angelegenheiten gut und sehr klug verwalteten (Rice, p. 56).
1496 schrieb »Robert Gaguin« an Marsilio Ficino von der grenzenlosen Bewunderung, die dem Erneuerer des platonischen Gedankengutes Ficino in Paris entgegengebracht wurde. »È cosi grande, o Ficino, la fama della tua virtù e della tua sapienza nella nostra univerità, che il tuo nome è amato e celebrato non solo nelle riunioni dei dotti, ma anche nelle aule de giovanetti.« Eugenio Garin in der Einleitung zu seiner Übersetzung ›Il sapiente‹ des Carolus Bovillus, Turin 1943, p. VII.
[10] Guy de Tervarent, a. a. O., Sp. 290. Claude Paradin, Les devises héroiques, Antwerpen 1567, p. 245.
[11] Bernard Guenée und Françoise Lehoux, Les entrées royales françaises de 1328 à 1515, Paris 1968, p. 243 f.
[12] Guenée und Lehoux, a. a. O., p. 111.
[13] Charles Terrasse, François Ier, le roi et le règne, II, Paris 1948, p. 189 f.

weisen König verglichen[14]. Er verkörperte die weise Regierung, was Budé in der ›Institution du prince‹ folgendermaßen beschrieb: »... Salomon roy de Judée, qui sans nulle controverse a excédé tous roys et princes et autres en sagesse et en prudence ...«[15].

Schon bei dem Einzug des Erzherzogs von Österreich, Philipp des Schönen, in Paris 1501, war der ›échafaud du Châtelet‹[16] eine Allegorie auf den ›état bien organisé‹. Auf einem Brunnen stand die weißgekleidete ›Science‹[17], die ihre Hand auf zwei geöffnete Bücher gelegt hatte, umgeben von Paris, einem Hirten und einer ›Tout‹ bezeichneten Gestalt. Die Bedeutung wurde so erklärt, daß die Stadt Paris von einem Hirten regiert wird, der alles in seiner Hand hält. Herrschertugenden und artes liberales, die die ›Theologie‹ umgaben, wiesen darauf hin, daß in einem wohlgeordneten Staat die Wissenschaften gedeihen[18]. An der Porte Saint-Denis wurde Philippe le Beau von Justice und Pallas zu Pferde begleitet, während der Pegasus aus einem Felsen die Quelle schlug.

Abgesehen von dem goldenen Zeitalter, das Franz I. in der Allegorie eines tableau vivant der Entrée in Rouen, 1517, wiederherstellt, thronte neben dem gleichen echafaud in einem Turm ›Pallas oder Minerva, déesse de sapience‹, mit Lanze, Medusenhaupt und kristallenem Schild[19]. Ein Kind »mit Gesichtszügen des Königs« trat aus einer Wolke und wurde von den drei Grazien empfangen. Sie bedeuteten, daß der König alle Grazien in sich vereinigt sowohl im »Körper« als auch in der »Seele«. Der Wagen führte schließlich den Knaben und die Grazien zu Pallas, die ihm den kristallenen Schild der Prudentia reichte. Der Knabe-König erhielt dafür von Jupiter einen Platz unter den Sternen. Er selbst ließ sich neben der Göttin in einem ehrenvoll hergerichteten Sessel nieder: eine eindeutige, frühe Apotheose des Fürsten.

Die Bedeutung der Königs-Allegorien in den ›tableaux vivants‹ geht weit über alles hinaus, was zu dieser Zeit in der bildenden Kunst an Verherrlichung des Königs zu finden ist[20]. Gerade die ›lebenden Bilder‹ des Einzuges in Rouen fassen zusammen,

---

[14] J. Chartrou, Les entrées solennelles et triomphales à la Renaissance (1484–1551), Paris 1928, p. 23 f. 1515 waren für den Einzug Leos X. in Florenz sieben Triumphbogen den sieben Tugenden gewidmet, der achte enthielt alle Tugenden zusammen. John Shearman, The Florentine Entrata of Leo X, 1515, Journal of the Warburg and Cortauld Institutes, XXXVIII, 1975, p. 136 ff.

[15] Budé, a. a. O., Institution, fol. 26 v. (Bontems, p. 91).

[16] échafauld (escharfault) wird zeitgenössisch auch als theatre bezeichnet (so in dem Bericht über die Entrée in Rouen 1517).

[17] Der Quell der Wissenschaft – an dem sich 7 Männer laben – ist auf dem Revers von Medaillen auf Karl V. und Philip II. u. a. dargestellt. Siehe Omaggio a Tiziano, La cultura artistica milanese nell'età di Carlo V, Kat. Mailand 1977, p. 142, Nr. 105; p. 147, Nr. 114. Für den Quell der Tugend siehe Abb. 43.

[18] Chartrou, a. a. O., p. 36.

[19] Charles de Robillard de Beaurepaire, L'entrée de François premier roi de France dans la ville de Rouen, au mois d'août. 1517, Rouen 1857, mit unpaginiertem Faksimile der Originalausgabe. Chartrou, p. 52. Otto Georg von Simson, Zur Genealogie der weltlichen Apotheose im Barock, Straßburg o. J., p. 69.

[20] Die ganzfigurige Miniatur Franz I. (Abb. 97) stellt die wesentlichen Tugenden des Königs in Gestalt der Götter dar. Wenn man dem Text folgt, wird Franz I. im Kriege wie der verheerende Mars, im Frieden wie Minerva und auf der Jagd wie Diana wirken. In der Eloquenz gleicht er Merkur, in der Liebe dem Amor, der voller Grazie ist, vielleicht wird auch hier auf die Eloquenz angespielt. Zum Glücke Frankreichs sollen all diese Eigenschaften des Kö-

was in der göttlichen Erhöhung des Königs nur möglich war: Sapience – Minerva – Jupiter, Goldenes Zeitalter – sie sind die höchsten Attribute, die überhaupt vergeben werden konnten[21].

Aber nicht nur dem König wird Weisheit zugeschrieben. Kardinal Wolsey verglich die Klugheit und Weisheit der Louise de Savoie mit der Weisheit König Salomos[22], und als Eléonore d'Autriche, Schwester Karls V., seit 1529 mit Franz I. verheiratet, mit dem Dauphin, Sohn Franz I., 1531 auf einer Reise durch die Normandie in Rouen einzog, wurde auf einem Wagen, den neun Musen zogen, angeführt von dem sonnengekrönten Apollo, Pallas dargestellt: ›tout d'argent fin‹ auf einer ›chaire de triumphe‹ mit goldenem Helm, mit einer Eule geziert. In Händen hielt sie eine Palme und eine Schlange für Frieden und Weisheit mit dem Spruch:

»Tous les tresors de scavoir / sont ouvers
En moy Pallas / par le vouloir des dieux:
Dont ie vous fais present en ces bas lieux
Affin qu en vou soient tousiours reconvers.«

Womit nochmals auf die göttliche Abkunft der Weisheit, insbesondere aber auf die Weisheit des Herrschers hingewiesen wird.

Der Triumphwagen der Pallas wurde nicht nur von sechs Männern begleitet, die in den Farben der Königin gekleidet gingen, sondern auch von »sieben griechischen Weisen zu Pferde« und acht »hommes destude«, von Gelehrten also, erkenntlich an einem

---

nigs, »der die Natur übertrifft«, geehrt werden, denn man diene damit den Göttern Minerva, Mars, Diana, Amor und Merkur. Leicht abgewandelt wurde diese Allegorie von Heinrich II. auf einer Medaille von 1552 übernommen. (Zuletzt Brigitte Walbe, Studien zur Entwicklung des allegorischen Portraits in Frankreich von seinen Anfängen bis zur Regierungszeit Heinrichs II., Diss. Frankfurt 1974, p. 90, Abb. 48). Die Allegorie Franz I. illustriert die Rolle des Königs in anderer Form, als es Jean Bouchet in den »Triomphes des ... Roy de France, François premier de ce nom« ausdrückt:

»C'est le Phoenix, de l'aige florissant
C'est de la France un Herculès puissant,
Qui de Pallas ensyvant la prudence,
A tresbien scenfaire la différence
Des deux sentiers de notre vie humaine.«

Hier handelt es sich um die Entscheidung nicht nur zwischen Tugend und Laster, sondern auch um die Entscheidung zwischen Venus und Minerva, dem Motiv des Herkules am Scheideweg. (Marc-Renée Jung, Hercule dans la littérature française du XVIe siècle, Genève 1966, Travaux d'Humanisme et Renaissance, p. 162.)

In einem Entwurf für einen Giebel läßt Primaticcio die Büste Franz I. durch die Allegorien der Wissenschaft und des Glaubens krönen, die sich über den Neun Musen erheben. Die Sphäre in der Hand der linken Frau deutet im Zusammenhang mit den übrigen Allegorien wohl eher auf ›Wissenschaft‹ als auf ›Religion‹ hin. (Vgl. Katalog L'Ecole de Fontainebleau, Paris 1972, p. 145, no. 154.)

21 Auch bei Franz I. Entrée in Caen trat die Sapience im Festprogramm auf, diesmal jedoch mit einer ortsbezogenen Bedeutung. Auf einem von den Musen gezogenen Triumphwagen zeigte Pallas dem König die Studenten der Universität, wie sie einen Obstgarten bearbeiten und dessen Früchte ernten. Chartrou, a. a. O., p. 52.

22 Freeman, a. a. O., p. 101. Maria von England wurde bei der Heirat mit Ludwig XII. 1514 als »Minerve Stella Maris« begrüßt.

Buch in der Hand[23], womit die Allegorie des Triumphwagens der Pallas mit der realen Gegenwart verbunden wurde.

1518/19 hatte Guillaume Budé in seiner L'institution du prince[24] Alexander den Großen, den Petrarca und Erasmus wegen seiner Grausamkeit verurteilten, als Verehrer der antiken Literatur (Homer) und der Gelehrten dargestellt, die er großzügig (liberalité) gefördert hätte. Schon in De asse, in erster Ausgabe 1515, im Jahr des Regierungsantritts Franz I. in Paris veröffentlicht, führt Budé einen Dialog mit Franz I. zur Verteidigung der Gelehrten gegen ein zu geringes Verständnis für diese beim König. Budés Anliegen war politisch ausgerichtet[25]. Er und mit ihm wohl ein großer Teil der Humanisten war überzeugt, daß nur die Gelehrten Frankreich aus der kulturellen Unterlegenheit herausführen könnten[26]. Von Franz I. wurde die Rolle des Beschützers der artes und litterae gefordert und ihm gleichzeitig auch diese Rolle zugeschrieben.

Budé strebte, zusammen mit anderen Humanisten, die Gründung eines ›college royale‹, das spätere Collège de France, an. Das collège sollte Tempel der griechischen und lateinischen Studien sein und »Minerva und den Musen« geweiht werden. Er wollte das collège Museion nennen, und sein Leiter sollte kein geringerer Gelehrter als Erasmus werden[27].

Auf Franz I. bezogen, waren es seine Bemühungen um die Sprachen und die Wissenschaften (lettres), die zu überschwenglichem Lob führten, ja ihm selbst ›grande congnoisssance des proprietez naturelles et des artz‹ zuschreiben ließen. Damit hätte der König eine ›forteresse a Minerve‹ errichtet, die eine gute Verteidigung gegen die Feinde der Wissenschaft böte und nach seinem Tode den ›gens de la lettre‹ bleibende Zuflucht sichere. So lobte Galland den verstorbenen Herrscher in seiner Grabrede im Jahre 1547[28].

---

[23] André Pottier, Les Entrées de Eléonore d'Autriche Reine de France et du Dauphin fils de François Ier dans la Ville de Rouen, au mois de février 1531 (1532 suivant la notre supputation actuelle), Rouen 1866 (Facsimile nicht paginiert).

[24] Institution du Prince, siehe David O. McNeill, Guillaume Budé and Humanism in the Reign of Francis I (Traveau d'Humanism et Renaissance no. CXLII), Genf 1975, p. 37 ff. Siehe auch Freeman, p. 26 ff.

[25] Die einzelnen Ausgaben bei David O. McNeill, a. a. O., p. 134. De Asse ist hauptsächlich eine Studie des antiken Geldwesens, der Maße und ein Kommentar zu Plinius, beschäftigt sich aber auch mit vielen zeitgenössischen politischen Fragen (McNeill, p. 25 ff.).

[26] Samuel Kinser, Ideas of Temporal Change and Cultural Process in France, 1470–1535, in: Renaissance Studies in Honor of Hans Baron, Firenze 1971, p. 750.

[27] Das Wort ›Museum‹ wird gleichzeitig 1539 von Paolo Giovio für seine Villa am Comer See verwandt. Die Bibliothek, die Franz I. in Fontainebleau angelegt hatte und in der auch eine Sammlung von Gemälden und anderen »choses rares« untergebracht war, wird von François de Belleforest als Musensitz und Tempel der Pallas beschrieben (Cosmographie universelle, Paris 1575, I, p. 333).

[28] Oraison sur le trepas du Roy François faicte par Monsieur Galland son lecteur ..., traduit du latin en françois par Jean Martin, Paris 1547 (23 Blatt), ». . . tant d'hommes excellens par la congnoissance des langues et des artz, que sa court en fut incontinent peuplée ...« Schließlich hat nach dieser Grabrede der neue König Henri II., indem er dem Beispiel seines Vaters folgte, den Bischof von Mascon beauftragt, Beschützer und Leiter der Wissenschaften zu sein und der Studien des Königs mit dem Wunsch, der Bischof möge ›comme un autre Apollo‹ der Versammlung der Musen vorstehen. ibid.
Schon 1518/19 hatte Budé in seiner Institution du prince vorausgesagt, daß der König in Zukunft ›musagètes‹, Musenführer, genannt werden wird. (Budé, Institution, fol. 5 r., Bontems, a. a. O., p. 79).

TURM UND KASTELL ALS METAPHER

Bevor für Chambord eine inhaltliche Deutung vorgetragen werden soll, sind Vorstellungen zu untersuchen, die allgemein mit Turm und Kastell verbunden wurden. Gerade in der Literatur und in den Entrées spielen Türme und Kastelle eine gewichtige Rolle. Zumeist sind sie allegorisch in positivem Sinne aufgefaßt worden, wie das schon aus der Grabrede auf Franz I. hervorging, in der behauptet wurde, der König hätte durch seine Förderung der Wissenschaften eine »forteresse à Minerve« errichtet. Gelegentlich sind Turm und Kastell auch unabhängig vom Text eines Werkes in die Buchillustrationen eingegangen; sie bleiben aber stets den üblichen literarischen Vorstellungen verpflichtet.

Im ›Inferno‹, Canto IV, 106 ff., spricht Dante von einem »nobile castello«, das von sieben hohen Mauerringen umgeben ist, ›difeso intorno d'un bel fiumicello‹. Dieses Kastell betrat er mit den Weisen durch »sieben Tore« und gelangte auf eine Wiese mit frischem Grün. Dort zog man sich an einen »offenen, lichten, hohen« Ort zurück, von dem aus die »erhabenen Geister« über dem Wiesengrün zu sehen waren[1].

Gerhard Goebel nennt diesen Bau das ›Schloß der vorchristlichen Denker, Dichter und Heroen‹ und sieht wie Giuseppe Vandelli in den sieben Mauern und Toren die sieben moralischen und philosophischen Tugenden und die sieben freien Künste verkörpert[2]

---

[1] Dante Alighieri, La Divina Commedia, Inferno, canto IV, 106–123, ed. F. Chiappelli, Mailand 1965, p. 44, 106–122:
   Giugnemmo al piè d'un nobile castello
sette volte cerchiato d'alte mura,
difeso intorno d'un bel fiumicello.
   Questo passammo come terra dura;
per sette porte intrai con questi savi:
venimmo in prato di fresca verdura.
   Genti v'eran con occhi tardi e gravi,
di grande autorità ne' lor sembianti:
parlavan rado, con voci soavi.
   Traemmoci così da l'un de' canti,
in luogo aperto, luminoso e alto,
sì che veder si potean tutti quanti.
   Colà diritto, sopra 'l verde smalto,
mi fuor mostrati li spiriti magni,
che del vedere in me stesso n'esalto.
   I' vidi Elettra con molti compagni,
tra' quai conobbi Ettor ed Enea,
Cesare armato con li occhi grifagni.
...

[2] Gerhard Goebel. Poeta Faber. Erdichtete Architektur in der italienischen, spanischen und französischen Literatur der Renaissance und des Barock (Beiträge zur neueren Literatur-

Dieses »nobile castello« mit sieben Mauerringen und sieben Toren ist vielleicht Symbol der Kultur, die der Mensch erreichen kann, das Schloß der Wissenschaft, »simbolo della sapienza«[3], oder aber auch das Kastell der Tugenden. Im ersten Falle stünden die sieben Mauern für die sieben Teile der Philosophie und der Fluß für die Rhetorik. Im zweiten Falle stünden sie für die vier moralischen und drei geistigen Tugenden und der Fluß für die Erfahrung[4].

Daß die Idealform des ›nobile castello‹, welches durch alle sieben Tore betreten wird, auf die Weisheit hinweisen soll, scheinen die »spiriti magni« zu bestätigen, die Dante mit seinen Begleitern hier erscheinen, nämlich neben denjenigen, die zur Gründung des Römischen Reiches beigetragen haben, eine große Reihe von Philosophen und Wissenschaftlern wie Sokrates, Plato, Demokrit bis hin zu Seneca sowie Euklid, Ptolemäus, Hippokrates, Avicenna und Galen.

Der Gedanke der Festung des Geistes, die es gegen viele Anfeindungen zu verteidigen gilt, ist in der bildenden Kunst in unterschiedlicher Form immer wieder dargestellt worden. Als ›arx rationis‹ ist es ein Schloß der Vernunft, die Fluchtburg ›turris refugii‹ in einer Handschrift in Cambridge, Trinity Hall *(Abb. 82)*[5]. Die ›ratio‹ hat ihre Truppen in das Kastell zurückgerufen, das Soldaten mit Lanzen auf dem zinnengekrönten Turm bewachen. Die Tore des Kastells sind verschlossen. Die Feinde, d. h. diejenigen Menschen, die den irdischen Gütern verhaftet sind, verehren die geplünderten Güter vor der Mauer des Kastells[6].

Dem zweiten Viertel des 15. Jahrhunderts gehört die Miniatur an, die eine Burg der sieben Tugenden darstellt *(Abb. 84)*[7]. Sie ist keine Idealarchitektur. Sie zeigt vielmehr eine hoch in der Landschaft gelegene Burg mit Mauern, Tor und Türmen, einem Palas und einer großen Burgkapelle. Ihre typologische Herkunft wird durch Waffen, mit denen sich die Tugenden gegen die Laster verteidigen, deutlich – es sind Rosen. Die Miniatur entstand sehr wahrscheinlich in Anlehnung an die in Aufführungen, in Miniaturen, Elfenbeinen, Wandmalereien und Tapisserien weit verbreiteten Szenen der ›Erstürmung der Liebesburg‹[8].

---

geschichte 3. F., Bd. 14), Heidelberg 1971, p. 28, 30. Dante, Divina Commedia, ed. Giuseppe Vandelli, Mailand 1955, p. 32, Anm.

[3] ed. Giuseppe Vandelli, a. a. O.; Giorgio Siebzehner-Vivanti, Dizionario della Divina Commedia, Milano 1365, v. ›castello‹. Über Wissenschaft und Weisheit siehe Eugene F. Rice jr., The Renaissance Idea of Wisdom, Cambridge/Mass. 1958. Er schreibt allerdings: ». . . in the ›Devine Comedy‹ only Beatrice, who leads Dante to the ultimate happyness of contemplating God, can be fittingly associated with wisdom«, in dem Sinne, daß das Mittelalter Weisheit als eine kontemplative Tugend ansah.

[4] Dante, Divina Commedia, ed. F. Chiappelli, p. 44, Anm. 106–110.

[5] Ms. Cambridge, Trinity Hall, 12, fol. 6 v. Den Hinweis auf diese Miniatur verdanke ich Wolfgang Liebenwein.

[6] Pierre Courcelle, La consolation de la philosophie, dans la tradition littéraire antécédente et postéritée de Bèce, Paris 1967, p. 97.

[7] Rom, Bibl. Casatensis, Codex casanatensis 1404, fol. 26 v.

[8] Aus ihnen sind die Darstellungen der Verteidigung der Kirche durch Nonnen und der Typus des Kastells der Tugenden hervorgegangen. Siehe u. a. Roger Sherman Loomis, The Allegorical Siege in the Art of the Middle Ages, The American Journal of Archeology, XXIII, 1919, pp. 255–169. – Für die hier nicht behandelte »Erstürmung der Liebesburg« siehe zuletzt Henrik Bramsen, Le Château d'Amour, in: HAFNIA, Copenhagen – Papers in the History of Art, 1976, p. 91–95 mit Lit.

In der ›omnium virtutum et viciorum delineatio‹ versucht die dunkel gekleidete ›ira‹, über eine Leiter die Burg zu erstürmen, während ›invidia‹, schon vom Pfeil getroffen, noch eine Kanone zündet. ›Avaritia‹ steht neben der reichgekleideten, schellenbehängten ›superbia‹ und bedient eine Steinschleuder. In der Mitte verteidigt ›patientia‹ von einem Balkon das Schloß mit einem Stamm, an dem Blüten blühen. Auch die einzige Kanone auf der Höhe des Schlosses ist anstatt mit einer Kugel mit einer Blüte geladen. Vom Kampf verschont erscheinen im Zustand der Unschuld auf den Hügeln links und rechts vom Kastell der Tugenden, in die Einsamkeit zurückgezogen, ein Mönch vor seiner Kapelle und ein Bürger in der Haltung des Betens.

In dem Holzschnitt des ›Spiegel der Bruderschaft des Rosenkrans‹ von Marcus von Waida, Leipzig 1514, der mit ›Die Wahrheit überwindet alle Zeit‹ überschrieben ist[9], wird die Wahrheit von Engeln, Mönchen, hoher Geistlichkeit, Bürgern und einem König in dem dreigeschossigen Kastell oder Turm gegen Teufel und Landsknechte, die die Festung vergeblich berennen, verteidigt, wobei auch hier als Waffen Blüten der Rosenkränze benutzt werden. Der Turm steht unter dem Schutz der Madonna im Rosenkranz (Abb. 83)[10].

Nicht nur Literatur und Buchillustration kennen das Kastell als Metapher. Auch bei Festbanketten ließ man Kastelle errichten. Philipp der Gute, Herzog von Burgund, gab 1453 in Lille ein Bankett, um gegen die Türken zu rüsten. Dafür wurde unter anderem ein Tafelaufsatz hergestellt mit einem »Schloß nach Art von Lusignan, auf dessen Hauptturm sich Melusine in Gestalt einer Schlange befand...«[11]. Von der Form dieser Kastelle haben wir naturgemäß keine genaue Vorstellung, ebensowenig von den Kastellen und Türmen, die in den Entrées reichhaltig Verwendung fanden. In ihnen ließen sich genauso Idealarchitekturen konzipieren wie in den Buchillustrationen. Ihre Bedeutung lag vor allem in politischen und moralischen Aussagen, so daß gerade für sie die Ikonographie entscheidend ist, die uns meist durch Texte überliefert wird.

Zur Hochzeit der fünfzehnjährigen spanischen Infantin Katharina von Aragon mit dem vierzehnjährigen Prinzen Arthur wurde 1501 in London unter anderem ein ›Castle of Policy, Noblesse and Virtue‹ errichtet. Dieses zinnengekrönte Kastell stand auf einem Sockel. Impresen und Wappen schmückten die stoffbespannten Wände. In dem mächtigen Tor mit Fallgitter stand ›Policy‹, die Klugheit, in Rüstung bereit, um Katharina von Aragon mit einer Rede willkommen zu heißen. Hinter dieser Allegorie erhob sich der Hauptturm, von kleineren Türmen flankiert. In einem anderen Tor darüber befanden sich ›Noblesse‹ und ›Virtue‹. Den ganzen Bau überragte ein schlanker, vierseitiger Turm.

---

[9] Abb. in Richard Muther, übers. v. Ralph R. Shaw, German Book Illustration of the Gothic Period and the Early Renaissance, Methuchen, N. J. 1972, 506, plate 203.

[10] In der Flugschrift taucht das auf Fels gebaute Haus des evangelischen Weisen auf (Flugblatt des Hans Sachs, Nürnberg 1524, nach Matth. 7), das dem päpstlichen Haus des unweisen Mannes gegenübergestellt wird.
Glisberg, The German Single-Leaf Woodcut: 1500–1550, riv. ed. Walter L. Strauss, New York 1974, III, S. 1086. Zuletzt bei Konrad Hoffmann, Typologie, Exemplarik und reformatorische Bildsatire, in: Spätmittelalter und frühe Neuzeit. Tübinger Beiträge zur Geschichtsforschung, Bd. 2, Kontinuität und Umbruch, Hrsg. v. Josef Nolte, Hella Tompert und Christof Windhorst, p. 191, Abb. 1.

[11] R. Alewyn, K. Sälzle, Das große Welttheater. Die Epochen der höfischen Feste in Dokument und Deutung, Hamburg 1959, p. 77.

Die ›Klugheit‹ sagte, Katharina sei besonders willkommen, weil sie der ›Noblesse‹ und ›Virtue‹ geneigt und somit würdig sei, in diesem Königreich ihre Macht auszuüben. Die Rede schloß mit der Ermahnung, daß Katharina diesen Weg weiterhin verfolgen möge und sie so lange in diesem Kastell residieren werde, solange ›Klugheit‹ ihr Herrscher bleibe[12].

Zwei Beispiele aus der Buchmalerei mögen belegen, wie eng die ›Tugend‹ mit der Metapher Berg und Burg verbunden war. Das Frontispiz von »L'Estrif de vertu et de fortune« des Martin Le France von 1447 in der Handschrift aus der Bibliothek von Saint Germain-des-Prés, heute in der Bibliothek von Leningrad (Abb. 85), zeigt hinter der Fortuna ein auf einem Berge liegendes, zerfallenes Schloß, während auf der Seite der ›Tugend‹ ein befestigtes Schloß, von Pfauen umgeben, hoch aufragt[13]. Die ›Tugend‹ in der Illustration zum Lehrbuch der Grammatik des kleinen 1491 geborenen Massimiliano Sforza (Abb. 86) bedeutet dem mit einer Puppe in der Hand zur Tugend aufblickenden Jungen, daß ihn dieser Weg — wie Herkules am Scheidewege — zu einem ›buon governo‹ führen wird, das in dem schönen großen Kastell auf dem reich bewachsenen Berge und in vielen Villen, die über das Land verstreut sind, zum Ausdruck gebracht wird, während gegenüber der blaugekleideten Tugend die Allegorie des Lasters in gelbem Kleid vor kahlem Berge hinter einem Abgrund steht, in den sie mit ihrer Linken weist[14].

Den Typus eines turmförmigen Kastells hat auch der Miniator der ›Triumphes des vertus‹ gewählt, einer Franz I. gewidmeten Handschrift, an deren Redaktion sich der König beteiligt haben soll (Abb. 87)[15]. Das Werk entstand um 1517, also zwei Jahre nach dem Regierungsantritt Franz I., und empfiehlt nicht allein nur dem Dauphin die moralischen Tugenden des Herrschers. In mehreren Illustrationen bedient sich der Buchmaler der Metapher des Kastells als ›chasteau de fidelite‹[16], ›chastel de severite‹[17], ›chastel de sobriete‹[18] und als ›chastel de discipline ou beaumaintien‹[19] (Abb. 87). Wie in den übrigen Illustrationen ist auch in dieser Szene der Hofstaat dargestellt, also eine enge Beziehung zum zeitgenössischen Leben gegeben, nicht nur in den Illustrationen, sondern auch im Text. Die ›très auguste et de bonaire royne‹ begibt sich mit ihrer Hofgesellschaft zu dem Kastell der ›discipline ou beaumaintien‹, das von drei Mauern umschlossen ist und vor sich eine Bastion stehen hat. Dort erlernt man Disziplin und Haltung ›der Augen, des Mundes und der Nase‹[20].

---

[12] Sydney Anglo, The London Pageants for the Reception of Katharine of Aragon: November 1501, Journal of the Warburg and Courtauld Institutes, XXVI, 1963, p. 61 ff.
[13] André Blum, Philippe Lauer, La miniature française au XVᵉ et XVIᵉ siècle, Paris, Bruxelles, 1930, pl. 17 (Bibl. von Leningrad, F. v. XV 6 (ehem. 5. 3. 65) fol. I v.
[14] André Chastel, Robert Klein, Die Welt des Humanismus, Taf. VII, p. 321.
[15] Paris, Bibl. Nat. Ms. fr. 144, Léopold Deslile, Histoire Générale de Paris, Le cabinet des manuscrits de la Bibliothèque Impériale, I, Paris 1868, p. 185.
[16] ibid. fol. 58 v.
[17] ibid. fol. 76 r.
[18] ibid. fol. 42 r.
[19] ibid. fol. 7 v.
[20] »Comment la tres auguste et de bonaire royne va et conduit sa suyte au chastel de discipline au beaumaintien qui est cloz de troy murailles au devant du quel est le bastillon de composition et la on aprent la discipline et maintien des yeul oreilles et du nez Des enfers de dissulution et la scivete.« »chastel de discipline ou beaumaintien« fol. VII v.

Die Königin trifft an der Spitze ihres Gefolges, auf einem Einhorn reitend, an der Bastion ein und wird dort von der ›Disziplin‹ empfangen. Die Königin zieht dann mit ihrem Gefolge in das Kastell und trifft auf Mönche und einen Ritter mit geflügeltem Helm und Zepter. Auf der Dachterrasse des Kastells hält eine Dame (beaumaintien) nach Art der Prudentia der Königin einen Spiegel vors Gesicht.

Bei der Entrée Franz I. im gleichen Jahre 1517 in Rouen stellte ein Turm die Stadt Athen dar, in der Minerva, Göttin der Weisheit, erschien[21]. Bei dem Friedhof St. Ouen hatte man zwei Pavillons und einen Turm errichtet. Bewaffnete Krieger stürmten aus den Pavillons, um den Turm zu erobern. Sie wurden jedoch von der feurigen Lanze des Verteidigers des Turmes vertrieben[22].

Außer den griechischen Weisen, die im Triumphzug von Rouen im Jahre 1532 auftraten, wurde am Ende einer Brücke auch die Stadt Athen dargestellt, und zwar zusammen mit einem Brunnen und drei Damen, die einen grünenden Ölbaum pflanzten – zum Zeichen des Friedens. Inschriften auf zwei Tafeln verkündeten in Latein und in Französisch:

Comme Minerva en Athene planta
Lolivier verd en signe de concorde
Ceste cyte ung aussi verd planta
En ta venue expellante discorde[23].

Ein Kastell oder einen Turm der Wissenschaften stellt der Holzschnitt von Gregor Reisch in seiner Margarita philosophica, 1515 in Straßburg gedruckt, vor *(Abb. 91)*[24]. Es ist ein Turm mit drei Hauptgeschossen, in den die ›Grammatik‹ einen wißbegierigen Schüler führt. Im Sockelgeschoß des Turmes lehren in Hörsälen Seneca und der römische Grammatiker Priscianus. In den Fenstern der drei Turmgeschosse zeigen sich die berühmten Vertreter der artes[25].

Damit ist den artes ein Turm gewidmet, der in anschaulicher Vereinfachung die Vorstellung des Turmes der Tugend bei Filarete[26] wieder aufnimmt. Die didaktische Art

---

21 Siehe Kapitel »Franz I. und die Weisheit in der fürstlichen Allegorie«.
   Zu turris scientiae, turris sapientiae und turris philosophiae im Mittelalter siehe Fritz Saxl, A Spiritual Encyclopedia of the later Middle-Age, Journal of the Warburg and Cortauld Institutes, V, 1942, p. 109 ff.
22 L'Entrée de François premier roi de France dans la ville de Rouen, au mois d'aout 1517, ed. Charles de Robillard de Beaurepaire, Rouen 1857, nicht paginiert, 5. Bild.
23 Les Entrées d'Eléonore d'Autriche Reine de France et du Dauphin fils de François Ier dans la ville de Rouen, ed. Antré Pottier, Rouen 1866.
24 Antré Chastel, Robert Klein, Die Welt des Humanismus, Europa 1480–1530, München 1963, p. 21.
   Das Werk erlebte seit 1503 viele Auflagen (1504, 1505, 1508 usw.). Siehe Karl-August Wirth, Neue Schriftquellen zur deutschen Kunst des 15. Jahrhunderts, in: Städel-Jahrbuch N. F. 6, 1977, p. 301, Anm. 55.
25 Philosophia (Physica), Seneca [philosophia] (Moralis), Pytagoras (Musik), Euklid (Geometrie), Ptolemäus (Astronomie), Aristoteles (Logik), Tullio (Rhetorik, Poesie), Boetius (Arithmetik). Auf dem obersten, runden Turmgeschoß erscheint hinter Zinnen der berühmte Scholastiker und magister sententiarum des 12. Jahrhunderts, Petrus Lombardus [philosophia] (metaphysica).
26 Siehe Kapitel Filaretes Turm der Tugend, Chambord und der Palast des Apolidon.

dieser Darstellung in Form eines Turmes oder Kastells hatte in der ersten Hälfte des 16. Jahrhunderts große Verbreitung gefunden, wie die Wiederholungen dieses Typus zeigen. Dazu gehört der Turm der Grammatik, dessen Holzschnitt Heinrich Vogtherr d. Ä. zugeschrieben wird (*Abb. 89*). Hier öffnet wiederum die Grammatik drei Schülern das Tor zu dem ›gelehrten Haus‹, diesmal der Grammatik selbst. Der Turm hat wiederum drei Hauptgeschosse und ist mit einer Kuppel abgeschlossen. Auf der Terrasse und in den Fenstern des Turmes sieht der Betrachter schon viele wohlhabende Bürger, Edelleute und im obersten Geschoß des Turmes sogar zwei Könige, ›Verbum‹ und ›Nomen‹, versammelt[27].

In der berühmten, seit dem Ausgang des 15. Jahrhunderts illustrierten Bildbeschreibung, der Tabula Cebetis, wird ein Gemälde beschrieben, das im Saturn-Tempel den Besuchern von einem Greis erklärt wird. Der Gegenstand dieses Gemäldes ist eine Lebensallegorie moralphilosophischer Prägung, die den Weg des Menschen zwischen Tugenden und Lastern beschreibt (*Abb. 88*). Da es sich um eine ›Bildbeschreibung‹ handelt, war der Weg einer Rückübertragung der Erzählung ins Bild naheliegend. Die Drucker haben davon seit dem 16. Jahrhundert ausführlich Gebrauch gemacht.

Der Weg der Tugend führt auch hier über einen schmalen, steilen, rauhen, steinigen Pfad auf den Gipfel des aus drei Ringen bestehenden Berges. Auf ihm steht »ein Schloß und Festung der Seligen. Dann allda wohnen all die Tugenden / auch die Seligkeit selbsten«[28]. In den Illustrationen zu Cebes' Bildbeschreibung ist dieses Schloß »arx verae felicitas« beschriftet[29]. Am letzten Tor vor der Burg stehen Disciplina, Sicherheit, auch Weisheit[30], mit Wahrheit und Ermahnung. Disciplina führt den Ankömmling zu ›Scientia‹ und ›zu den anderen Tugenden‹. Auf einem Thron sitzt die Glückseligkeit (felicitas) und setzt dem, der bis hierher gelangt ist, eine Krone auf[31].

---

[27] Die Inschrift der in der Abb. fehlenden Kopfleiste lautet: »Diser Turn zeiget an / Wie man die tugend leeren kan.«

[28] Reinhart Schleier, Tabula Cebetis oder »Spiegel des menschlichen Lebens / darin Tugent und untugent abgemalet ist«, Berlin 1973, p. 70.

[29] ibid. Abb. 5 ff. Cuspinians Landgut bei Wien hieß Foelicianum. H. Ankwicz-Kleehoven, J. Cuspinian, Köln 1959, p. 235, Renate von Busch, Studien zu deutschen Antikensammlungen des 16. Jh., Diss. Tübingen 1973, p. 61.

[30] ibid. Abb. 4. Es ist im deutschen Bereich allgemein als Burg, gelegentlich als Rundtempel dargestellt worden, ein italienisches Gemälde der Mitte des 16. Jh.s zeigt dagegen eine Villa. Schleier, a. a. O., Abb. 41.

[31] Auf dem langen, beschwerlichen Weg zu diesen Weihen begegnet man, wie kaum anders zu erwarten, unter vielen anderen Allegorien auch den artes liberales und den Musen auf dem Musenberge. In einen solchen allegorischen Bilderkreis kann der Zeitgenosse eintreten, indem er sich in diesem Kreise selbst darstellen läßt. Von der Cebes-Tafel wohl motivisch angeregt ist die Szene des Titelholzschnittes zu Nicolo Tartaglias mathematischem Traktat ›Scientia Nova‹, Venedig 1537. Der Mathematiker ließ sich auf ihm im Kreise der artes zwischen ›Aritmetica‹ und ›Geometria‹ in Ganzfigur selbst darstellen (Schleier, a. a. O., p. 103 f., Abb. 65). Schon 1524 erschien Jean Bouchets ›Les Annales d'Aquitaine ...‹ in Poitier mit einem Holzschnitt, der in einem hortus conclusus Franz I., von den Tugenden umgeben, abbildet, während rechts der Autor neben Merkur erscheint. (R. Brun, Le livre illustré en France au 16ᵉ siècle, Paris 1969², pl. XXVIII. [Merkur u. a. für Beredsamkeit].) Vgl. Die Gärten bei den Entrées für Karl V. als Prinz in Brüssel 1515, Claude de France in Paris 1517. Für weitere siehe Chartrou, a. a. O., p. 34.

Wie die Vorstellungen von Kastell und Turm sich überlagern können, sogar austauschbar werden, zeigt der Holzschnitt für ›turris iusticie typus‹ aus Guillaume La Rouille, Iusticie atque iniusticie descriptionum compendium, Paris 1520 *(Abb. 90)*[32], in dem der ›Turm‹ genannte Bau die Form eines Kastells besitzt.

In diesem Bilde erhalten die einzelnen Teile und die Ausdehnung des Baues ihre Sinngehalte. Die Fundamente werden aus ›vera fides‹ und ›charitas‹ gebildet, die Treppe, die zu den beiden Toren ›prudentia‹ und ›fortitudo‹ führt, ist die Hoffnung. Die Türme schließlich empfehlen die Art der Lebensführung, die zu dem Ziel führen soll, das die Fahnen auf den Turmspitzen verkünden: PAX.

Das Kastell des Wissens des 1556 in London erschienenen Holzschnittes *(Abb. 92)*[33] ist dagegen eine torlose Bastion mit Türmchen für Himmelsbeobachtungen und -messungen. Wie die Inschrift besagt, werden alle Freunde des Wissens dieses dem Wissen – hier dem exakten Wissen aus der Erkenntnis durch Naturbeobachtungen – gesetzte Denkmal verteidigen.

Auf dem ›Castle of Knowledge‹ thront mit Krone und Fackel Jupiter, von dem alle Himmelserscheinungen ausgehen. Zu Seiten der Festung stehen Fortuna und Uranus, für ›Unkenntnis‹ und ›Wissen‹. Die blinde Fortuna wird von der Ignoranz beherrscht. Das Wissen hingegen, das Urania besitzt, ist aus der Erkenntnis der Gestirne geschöpft[34]. Fortuna auf der Kugel bewegt das Glücksrad, während Urania, auf dem Würfel stehend, die Gewißheit durch die Messung mit dem Zirkel verkörpert.

---

[32] Paris, Bibl. Nat., fol. Rés. F. 1236.
[33] Robert Record, The Castle of Knowledge, London 1556. Es handelt sich bei diesem Werk des Autors von Büchern über Algebra, Arithmetik und Geometrie um einen Traktat über die Sphäre und ihre Anwendung. Abb. in Samuel C. Chew, The Pilgrimage of Life, New Haven und London, Yale Univ. Press 1962, Fig. 57.
[34] Beim Einzug der Katharina von Aragon zur Hochzeit mit Prinz Arthur in London im Jahre 1501 waren über einem Festapparat mit der ›Sphere of the Sun‹ zwei Astronomen, einer mit Triangel, einer mit Quadrant, und Gottvater (›Father of the Heaven‹) dargestellt (Sydney Anglo, The London Pageants for the Reception of Katharine of Aragon: November 1501, Journal of the Warburg and Cortauld Institutes XXVI, 1963, p. 72).

FILARETES TURM DER TUGEND, CHAMBORD
UND DER PALAST DES APOLIDON

Die außergewöhnliche Entscheidung des Königs, den Treppenturm in die Mitte des Schlosses von Chambord zu stellen, mag außer der Bedeutung als Hoheitszeichen noch eine andere Erklärung finden. Auch im Innern von Filaretes utopischem Turm der Tugend (*Abb. 95 und 98*)[1] steigt eine Treppe auf, die über eine zweite Treppe bis zur höchsten Höhe des Baues führt. Um diesen Kern herum waren Räume in sieben Abteilungen angelegt, sie sind der Logik, Rhetorik bis zur ›Astrologia‹ im obersten Raume gewidmet. Sieben Stockwerke waren den sieben Wissenschaften vorbehalten. Sieben Brücken, die Plattformen untereinander verbinden, waren nach den sieben Tugenden benannt und bezogen sich, wie Filarete an anderer Stelle schreibt, auch auf die sieben artes liberales. Man hatte alle Brücken zu überschreiten (*Abb. 95*), um die Mitte zu erreichen, d. h. alle Disziplinen zu erwerben, ehe man zum Ziel gelangen konnte. Schließlich mündete die gesamte architektonische Allegorie in den Parnaß und die Allegorie der Tugend, die das Bauwerk krönt. Der Kopf dieser Allegorie war »a similitudine del sole«, sie stand auf einem Diamanten (*Abb. 96*). Dorthin konnte nur derjenige gelangen, der alle vorgenannten ›scienze‹ erworben hatte[2].

Im Haus der Tugend hat Filerate fast alle denkbaren Topoi versamelt. Es ist gleichzeitig das Haus der Grammatik, der artes liberales, der Wissenschaft überhaupt, und steht unter dem Schutz der Musen. Die alles überragende Allegorie der Tugend mit dem Sonnengesicht über einem Diamanten, beinhaltet schließlich auch Apoll und die Weisheit[3]. Die Weisheit wird von Cesare Ripa mit einer Flammenvase in der Hand dargestellt, und Flammenkandelaber sowie Flammenvasen umstehen die Bekrönung des Treppenturmes von Chambord.

Mit dem Aufsteigen der Treppe ist ein geläufiges, altes Symbol des Aufstiegs überhaupt verbunden. Der Aufstieg führt bei Filarete zur Erkenntnis der Wissenschaften, die in verschiedenen Ebenen ihre Hörsäle haben[4]. Der Mensch hat in diesem Turm aber auch die Tugenden zu erwerben, deren Brücken zu den Hörsälen führen, um schließlich zum Licht der Erkenntnis, zur Weisheit zu gelangen.

Betrit man die Wendeltreppe von Chambord, so steht man vorerst in einer dunkleren Zone, in die aber das Licht von oben dringt (*Abb. 28*). Vergleichbar mit dem Auf-

---

[1] Filarete, Trattato di Architettura, ed. Liana Grassi, Mailand 1972, II, p. 537 ff.
[2] Spiegelbild zu diesem Teile des Turmes war der des Lasters, mit einer bequemen, stufenlosen Rampe abwärts.
[3] Apoll wurde auch »deus sapientiae« genannt. Elisabeth Schröter, Die Ikonographie des Themas Parnaß vor Raffael, Diss. Hildesheim, New York 1977, p. 148, p. 151.
[4] Vergleiche den Turm der Wissenschaften von Gregor Reisch (Abb. 91). Für das Motiv des Aufstiegs siehe auch die Kapitel Turm und Kastell als Metapher und Villa Rotonda.

stieg über die Treppe, wird die Helle nach oben hin deutlicher, bis man das über dem Dach gelegene Treppengeschoß erreicht und im strahlenden Licht steht (*Abb. 26 und 28*).

Das Thema Licht – Weisheit – nahm Filarete in seinem »Tempel der Tugend« nochmals auf[5]. Auf der großen Kugel über der Laterne dieses Tempels standen vier Figuren, die sich mit den Schultern berührten und damit wohl ihre Gemeinsamkeiten demonstrierten. Die vielen runden Öffnungen der Kugel leuchteten jede Nacht durch ein Licht, das im Innern brannte, auch die Augen der vier Statuen Mars, Merkur, Phöbus (Apollo) und Minerva sandten Licht aus. »Come quello luogo era d'ingegno, d'arme, di sapienza, di grazia«, so standen Mars für »die Schlacht«, Merkur für mehrere Fähigkeiten des Geistes, auch des Handels und für die Beredsamkeit, und für »mehrere andere Eigenschaften« Phöbus, der Leuchtende. Inmitten dieser drei Götter aber stand Pallas »la quale è dedicata alla sapienza«.

Die im Holzschnitt des Lieblingsromans von Franz I., dem Amadis de Gaule, modernisierte Ansicht des Schlosses Chambord als Palais des Apolidon (*Abb. 93 und 94*) zeigt Flammenstrahlen über dem Dachfirst sowie die Anfangsbuchstaben seines Erbauers, Franz I., seines Nachfolgers Heinrich II. und dessen Gattin, Katharina de'Medici, unter der kaiserlichen Bügelkrone[6]. Die griechischen Buchstaben daneben ergeben, in richtiger Reihenfolge gelesen, den Namen: AROL, wohl Apol gemeint. Im Text ist das ins Fabelreich der paradiesischen Isle Ferme übertragene Chambord »un des plus somtueux edifices du monde«[7] und hat eine doppelläufige, mit vergoldetem Kupfer verkleidete Wendeltreppe, was als deutlicher Hinweis auf die Sonne verstanden werden kann[8]. Über dem Bau standen jedoch, so will es der Text, die Statuen von Priapus, Bacchus, Mars und Apoll zusammen mit denen der Venus, der Ceres und der Minerva[9].

---

5 Filarete, Trattato di Architettura, a. a. O., II, p. 556.
6 Zur Verwendung der kaiserlichen Bügelkrone durch den französischen König vergleiche: Brigitte Walbe, Studien zur Entwicklung des allegorischen Porträts in Frankreich von seinen Anfängen bis zur Regierungszeit König Heinrichs II., Diss. Frankfurt am Main, 1974, p. 13 u. 52 ff., und Robert W. Scheller, Imperiales Königtum in Kunst und Staatsdenken der französischen Frührenaissance, in: Kritische Berichte, 6, 1978, Heft 6, p. 5 ff. Schon zur Zeit Charles VIII. erscheint die Bügelkrone in Beziehung auf den französischen König. Franz I. ließ in Blois am Treppenturm über dem Salamander die Königskrone und darüber die Bügelkrone darstellen.
7 Ed. Nicolas de Herberay, 1541–44, le quart livre [1543]). Ich habe das Exemplar der Bibl. Nat. Paris (Rés. Y² 92–99) konsultiert. Jacques Gohorry stellt im 11. Buch seiner Übersetzung des Amadis von 1554 mit dem Schloß der Diana eine »Tour de l'Univers« vor (Gerhard Goebel, Poeta Faber, Heidelberg 1971, p. 163).
8 Eine »königliche Wendeltreppe« spielt auch in der 1616 veröffentlichten »Chymischen Hochzeit Christiani Rosenkreutz« des Johann Valentin Andreae eine wichtige Rolle. Sie gehört ebenfalls zu einem die Welt und alle Kunstfertigkeiten repräsentierenden königlichen Palast. Sie zählte 365 Stufen und ist mit dieser Zahl in den Lauf des Jahres eingebunden. In Frankreich schrieb Silvestre in der Beischrift zu seinem Kupferstich dem Schloß Madrid 365 Fenster zu. Caspar Merian berichtet vom Schloß Bonnivet: »Peter Eisenberg sagt, es seyen darinn so viel Kammern, als Tage im Jahr« (Topographiae Galliae, Frankreich, 7. Teil, Frankfurt 1657, p. 16), und nach Gascard hätte Chambord 365 Kamine.
Vom Schloß Knole in Kent berichtet die Legende, daß die sieben Höfe den Tagen der Woche entsprächen, seine 52 Treppenhäuser den Wochen des Jahres und seine 365 Zimmer den Tagen des Jahres (Knole, Kent, The National Trust, London 1968, p. 47 f.).
9 Daß die im Text genannten literarischen Vorstellungen auch in die gebaute Architektur

Also auch dieser Bau war letztlich – wie Filaretes Turm der Tugend und sein Tempel der Tugend – der Weisheit gewidmet.

Dieser allegorischen Architektur Filaretes wie auch der des Amadis de Gaule entspricht in der Malerei das ganzfigurige Bildnis Franz I. in der Fünf-Götter-Gestalt, das heißt die Darstellung des Königs in den Eigenschaften von Mars, Diana, Merkur, Amor und Minerva (*Abb. 97*)[10].

Alle diese Allegorien gipfeln in göttlichen Eigenschaften, die auch in den Entrées vornehmlich dem König vorbehalten waren und schließlich in der Allegorie für die Weisheit, der ausgezeichneten Tugend eines Herrschers, münden. Die Lichtikonographie Chambords läßt sich wohl nur in diesem Sinne deuten. Selbst Sebastiano Serlio spricht im Zusammenhang mit der Architektur von der Weisheit des Königs. Zu seinem Entwurf eines Königspalastes, der ›casa del re‹, schreibt er, daß er »klassische Vorbilder« gewählt habe, »um die große Weisheit des Königs sichtbar werden zu lassen«[11]. Die

---

eingegangen sind, beweist auch das Hôtel d'Escouville in Caen (um 1535/38): über der Laterne, die die Wendeltreppe abschließt, steht eine Statue des Apoll. Abb. in: Claude Sauvageot, Palais, châteaux, hôtels et maisons de France du XVe au XVIIIe siècle, Paris 1867, IV, pl. 5.

Im Amadis de Gaule taucht die Lichtsymbolik wieder auf, hier in der Form von goldenen Lampen, die die Umgebung so hell erleuchten, daß es keiner weiteren Lichtquelle bedarf. Im Garten ist es der Bronzekoloß in der Mitte des Labyrinthes, der durch seine Kristalllaterne Tag und Nacht so viel Licht spendet, daß sich, wie ehemals am Leuchtturm von Pharos, die Seefahrer daran orientieren können.

10 Die Inschrift lautet:
»Françoys en guerre est un Mars furieux
En paix Minerve & Diane à la chasse
A bien parler Mercure copieux
A bien aymer vray Amour plein de grace
O France heureuse honore donc la face
De ton grand Roy qui surpasse Nature
Car l'honorant tu sers en mê(s)me place
Minerve, Mars, Diane, Amour, Mercure.«
Zuletzt im Katalog L'Ecole de Fontainebleau, Paris 1972, no. 27 mit Literatur. Françoise Bardon (Sur un portrait de François Ier, Information d'histoire de l'art, 8, 1963, 1–7) zitiert ähnliche Beispiele dieser Art, insbesondere das der Entrée der Eléonore 1533 in Lyon, und sieht wohl mit Recht die Abkunft bildlicher Darstellungen dieser Art aus den Entrées.
Noch 1598 wird Heinrich IV. über einem Triumphbogen der Entrée in Rouen als König über der Erdkugel mit den Attributen Schwert, Merkurstab und Füllhorn dargestellt, von Fortitudo und Prudentia gekrönt, eine weniger auffällige, aber durch gleiche literarische Quellen geprägte Allegorie (Abb. in: Roy Strong, Splendor at Court, Boston 1973, p. 116, fig. 89).

11 Ms. Avery Library, New York, Der Traktat entstand zwischen 1541 und 1545. Myra Nan Rosenfeld, Sebastiano Serlio's Late Style in the Avery Library Version, Journal of the Society of Architectural Historians, XXVIII, 1969, 155 – 72.
Zu S. Ivo della Sapienza in Rom als Haus der Weisheit und der Bedeutung der Turmspirale als Zeichen der Weisheit siehe Hans Ost, Borrominis römische Universitätskirche S. Ivo alla Sapienza, Zeitschrift für Kunstgeschichte 30, 1967, bes. p. 111 f., p. 130 ff. Auch hier umstehen Flammenkandelaber als Zeichen der Weisheit die Bekrönung der Kuppel (ebenda, p. 133). Siehe auch Pierre de la Ruffinière du Prey, Salomonic Symbolism in Borromini's Church S. Ivo della Sapienza, Zeitschrift für Kunstgeschichte, 31, 1968, p. 216 ff. Wilhelm

Kuppel des Treppenturmes von Chambord krönt die französische Lilie, sie symbolisiert Macht, Glaube, Weisheit. »Vielfach steht die Weisheit zwischen Macht und Glaube«, so wäre auch in der mittleren Spitze der Lilie die Weisheit zu erkennen[12].

Wie die Treppe in Chambord, hatte auch die Mitteltreppe in Filaretes utopischem Turm der Tugend eine offene Spindel. Diese Form findet sich schon in Platons »Spindel der Notwendigkeit«, die aus mehreren ineinandergepaßten, »ausgehöhlten« Zylindern (Wulsten) bestand, »vermittels deren alle Sphären in Umschwung gesetzt werden«. »In dem ganzen Umschwingenden aber bewegten sich die sieben inneren Kreise langsam in einem dem Ganzen entgegengesetzten Schwung«[13]. Die Sphären schwingen um die in der Mitte befindliche Weltachse, um sie kreisen die Planeten. Noch in der 1616 erschienenen Chymischen Hochzeit Christiani Rosenkreutz von Johann Valentin Andreae scheint diese Vorstellung ihren Niederschlag gefunden zu haben. Dort wird der runde »Thurn Olympi«, der auf einer viereckigen Insel im Meer liegt, als siebengeschossig beschrieben. Die Geschosse waren ineinandergesteckt und hatten in der Mitte einen Lichtschacht und eine Wendeltreppe[14].

Setzt man ähnliche Überlegungen für Chambord voraus, oder aber sieht man in Chambord eine Tradition dieser Grundvorstellung weiterleben, so hieße das, die Wendeltreppe stünde in der Mitte des Achsenkreuzes der vier Weltrichtungen als Weltachse. Damit wäre der Bau selbst zum Mittelpunkt der Welt geworden[15].

Der »antike Drehturm« in Filaretes Traktat mit offenem Kern, in dem die Treppe aufstieg[16], wird möglicherweise ebenfalls auf die Vorstellung der sich drehenden Welt-

---

Hauptmann, Luceat lux vestra coram hominibus: a new Source for the Spire of Borromini's S. Ivo, Journal of the Society of Architectural Historians, 33, 1974, p. 73 ff.

[12] Herbert Grundmann, Sacerdotium – Regnum – Studium. Zur Wertung der Wissenschaft im 13. Jahrhundert, Archiv für Kulturgeschichte, 34, 1952, p. 14 f. Freundlicher Hinweis auf die Lit. von Wolfgang Liebenwein.

[13] Platon, Politeia, 616 c ff.

[14] Johann Valentin Andreae, Chymische Hochzeit Christiani Rosenkreutz, Stuttgart 1973, Dies. VI, p. 104 ff. Die Wendeltreppe wird hier als »Schnecke« bezeichnet. An einer Stelle heißt es: »Ich sahe einen, der hörte die Himmel rauschen. Der ander kundte Platonis Ideas sehen...« (p. 60).

[15] So ungewöhnlich eine solche Überlegung klingen mag, so üblich waren derartige Vorstellungen seit den Urkulturen. Sie kennen die Weltachse, vier Flüsse und Weltenberg als imago mundi (Werner Müller, Die heilige Stadt, Roma quadrata, himmlisches Jerusalem und die Mythe vom Weltnabel, Stuttgart 1961, a. a. O., p. 125 ff., und an mehreren anderen Stellen). In anderen Bildern ist es der Weltenbaum mit sieben oder neun Ästen, die Spirale oder eine Zeremonialleiter mit sieben Stufen, die den sieben Planeten entsprechen. Sie wurden gleichzeitig als Zentrum der Welt verstanden (Mircea Eliade, Psychologie et histoire des Religions. A propos du symbolisme du ›centre‹, Eranos Jahrbuch XIX, 1950, p. 247 ff., insbes. p. 271 ff. Ders. Images et Symboles, Poitiers 1967, p. 50 ff. Siehe auch E. A. S. Butterworth, The Tree at the Navel of the Earth, Berlin 1970. Siehe auch: John Irwin, ›Asókan‹ Pillars: A reassessment of the evidence – IV: Symbolism, Burlington Magazine CXVIII, 1976, 734 ff.).
Die Ecken des Donjon, nicht die Achsen folgen in Chambord den Himmelsrichtungen. Giambattista Marino's Palazzo d'Amore in seinem Adonis ist ganz offensichtlich von diesem Bilde Chambords geprägt: Eine Wendeltreppe in der Mitte des Palastes »abbraccia e signoreggia / Per quattro corridoi tutta la reggia« (III, 164 f.). Die fünf Türme seines Palastes symbolisieren die fünf Sinne. Gerhard Goebel, Poeta Faber, Heidelberg 1971, p. 88 f.

[16] Filarete, Trattato di Architettura, ed Liana Grassi, Mailand 1972, II, p. 632 ff.

achse zurückgehen, für die auch die sich um ihre eigene Achse drehenden Weltsäle Vorbild gewesen sein können[17].

Dieses Bild war Ovid und Vitruv gleichermaßen vertraut[18]. Die Vorstellung der Weltachse, die am Polarstern aufgehängt ist, spielte selbst bei der Vermessung zur Anlage von Städten und Lagern in römischer Zeit eine große Rolle. Sie waren darin irdisches Abbild des himmlischen Kosmos. Der kardo vertritt die Weltachse, die Vierteilung des Geländes in regiones, die vier Weltgegenden, wie wir aus den Handbüchern zur römischen Meßkunst aus der Zeit Trajans und Domitians erfahren[19]. Im babylonischen Kult

---

[17] Für Weltsäle siehe H. P. L'Orange, Domus aurea – der Sonnenpalast, in H. P. L'Orange, Likeness and Icon. Selected Studies in Classical and Early Mediaeval Art, Odense Univ. Press 1973, z. B. p. 294 ff., 309 ff., und L'Orange, Studies on the Iconography of Cosmic Kingship in the Ancient World, Oslo 1953, p. 18 ff., p. 28 ff.
Sueton, Nero 31: »Der Hauptspeisesaal war rund, und seine Decke drehte sich Tag und Nacht, wie das Weltall.«
In der Legenda aurea läßt Chosroes II. einen Drehturm errichten: »Dieser Cosdras wollte von den Menschen angebetet werden als ein Gott, darum ließ er sich einen Turm bauen von Gold und Silber und leuchtendem Edelgestein, und setzte darauf der Sonne, des Mondes und der Gestirne Bild; auch hatte er Röhren lassen machen in dem Turm gar heimlich und subtil, daraus es Wasser von oben goß in Regens Weise, als wäre er Gott; unter dem Turm aber in einer unterirdischen Höhle gingen Rosse im Kreis und zogen schwere Wagen um, davon war es, als ob der Turm würde bewegt, und ward ein Getöse gleich einem Donner.« ed. Richard Benz, Heidelberg 1925, p. 699.

[18] Ovid, Metamorphosen, II, 516.
Vitruv IX, 1, 4–11:
»Das Weltall aber ist der Inbegriff aller natürlicher Dinge und der Himmel, der für die Gestirne und die Bahnen der Sterne gebildet ist. Dieser dreht sich unaufhörlich rund um Erde und Meer mittels der äußersten Zapfen der Weltachse (Axis cardines extremos). Denn an diesen Stellen hat die schöpferische Natur so nach den Regeln der Baukunst die Achsenenden gleichsam als Drehpunkte angeordnet und angelegt, das eine unendlich weit von der Erde entfernt an der obersten Stelle des Weltenraums und sogar hinter dem Siebengestirn (Großer Bär), das andere ganz entgegengesetzt, unterhalb der Erde im Süden. Und um diese Zapfen (Achsenenden) herum hat sie, wie beim Drechseleisen, um die Drehpunkte kleine Reifen gebildet, die die Griechen ›Pole‹ nennen, in denen sich die Himmelsachse ewig dreht.« Und nochmals Vitruv IX. 5, 18. Siehe auch Werner Müller, Die heilige Stadt. Roma quadrata, himmlisches Jerusalem und die Mythe vom Weltnabel, Stuttgart 1961, p. 164 f. und an mehreren anderen Stellen.

[19] »Aus diesen instructiones und institutiones erfahren wir hinlänglich genau, wie der römische Geometer seine Aufgaben angriff, mochte es sich nun um die Anlage eines Lagers, einer Stadt oder um eine Provinzvermessung handeln. Sobald der mensor das Gelände in Augenschein genommen und die passendste Ausnutzung überlegt hatte, stellte er sich mit seiner groma, dem Vermessungsgerät, in das Zentrum der kommenden Anlage und merkte, von diesem Nabelpunkt beginnend, das Liniensystem der künftigen Wege und Gewanne an. Die groma bestand aus einem kräftigen Gestell, das in Augenhöhe ein waagerecht liegendes Kreuz aus vier Eisenarmen trug, ein rechtwinklig sich überschneidendes doppeltes Visierlineal. Die Bezeichnung groma für dieses Instrument war ein Fremdwort, abgeleitet vom griechischen γνωμα. Daneben gab es echt lateinische Namen für das Vermessungsgerät, so ferramentum nach dem Basisgestell, tetrans und stella von der Kreuzform des Visierlineals. Der Geometer hatte zunächst die Aufgabe, die vom Gerät angezeigten Kreuzlinien auf das Gelände zu übertragen. Ging er von der Nordsüdlinie aus, so stellte er zunächst mit einem Schattenwerfer den Meridian fest und drehte dann das mit ›Nord‹ und ›Süd‹ gemarkte

war der König die »Sonne von Babylon«, der »König des Universums«. Einer der Titel für den König lautete im Iran: »Achse der Welt«. Die Stadtanlagen von Djarabjird, Firuzabad und des 762 gegründeten Mansur bestanden aus sieben Mauern, sie hatten ein achsiales Straßenkreuz mit vier Toren und repräsentierten in ihrer Mitte den Durchgangspunkt der Weltachse. Hier stand der Königspalast. Der König hieß: »König der vier Weltgegenden«[20], ein Titel, den in Frankreich Clement Marot Franz I. gab:

»Dieu tout puissant te doint pour t'estrener
Les quatre Coings du Monde gouverner.«[21]

Lineal in diese Richtung. Der entsprechende limes – identisch mit der Visierlinie längs der Linealkante – wurde durch Einwinken von Latten, durch Streuen von Aschenstreifen oder Aufreißen von Furchen festgehalten. Dieser nordsüdliche Strich hieß kardo ›Achse‹; der automatisch von der groma angezeigte, rechtwinklig dazu verlaufende limes führte den Namen decumanus. Der Kreuzpunkt ist sonach die Quelle der Limitation; er ist der Nabel, der die vier Regionen zusammenhält: ab uno umbilico in quattuor partes omnis centuriarum ordo componitur.

Hält man alle diese Momente zusammen, so enthüllt sich hier ein Archaismus, dessen Patina auf eine alte Kosmologie zurückgeht. Der Rang des kardo entfließt seiner kosmischen Abbildlichkeit; er ist das Duplikat der Weltachse, die ihren nördlichen Drehpunkt am Polarstern hat, ihren südlichen in entgegensetzter Richtung. ›Die Natur hat den einen kardo der Weltachse hinter den Großen Bären über Erde und Meer gesetzt, den anderen gegenüberliegenden unter die Erde in die südlichen Regionen‹, sagt Vitruv. Und ergänzend verweist Plinius auf den astronomischen Bezug des decumanus: die quer zum kardo gezogene Linie verlaufe nach Ost und West, sobald man sie zur Tag- und Nachtgleiche einvisiere.

Entsprechend formulieren die Feldmesser das Ineinandergreifen irdischer und himmlischer Bezüge: ›Der kardo heißt so, weil er nach dem kardo des Himmels gerichtet ist‹; ›Die decumani richten sich nach dem Sonnenlauf, die kardines aber nach der Achse des Pols‹; ›Den kardo nennt man nach dem kardo des Kosmos‹. Die Miniaturen des Arcerianus zeigen zu diesen Stellen neben dem Sternenring des Himmels, zerschnitten vom kosmischen kardo und decumanus, sogleich auch den irdischen Abklatsch mit dem kardo maximus von Nord nach Süd und dem decumanus maximus von Ost nach West.«

». . . es ist die von den Feldmessern ständig betonte origo caelestis, die Überzeugung, in der Limitation das irdische Abbild eines himmlischen Urbildes zu sehen. Diese kosmologische Unterlage der römischen Meßkunst blieb den Gromatikern immer bewußt, und gerade sie leitet zum religiösen Urgrund der Limitationsmethodik.

Nicht nur vertritt der kardo die Weltachse, auch die Vierteilung des Geländes in vier regiones spiegelt eine kosmologische Großform: die viergeteilte terra des römischen Weltbildes.«

Werner Müller, Die heilige Stadt. Roma quadrata, himmlisches Jerusalem und die Mythe vom Weltnabel, Stuttgart 1961, p. 11 ff.

[20] H. P. L'Orange, Studies on the Iconography of Cosmic Kingship in the Ancient World, Oslo 1953, p. 13 ff. »Vier Weltteile« wurde als Königstitel erstmals von Narâm-Sîn von Akkad (2200 v. Chr.) und seither von altorientalischen Königen immer wieder geführt. William W. Hallo, Early Mesepotamian Royal Titles, Diss. New Haven 1957, p. 49. Freundlicher Hinweis auf die Lit. von Thomas Beran.

[21] Clement Marot, Les Epitres, ed. critique par C. A. Mayer, London 1958, Reprint 1964, p. 176. Epitre XXV, Au Roy
[Au Roy, pour avoir esté desrobé.] Entstanden Ende 1531, am 1. Januar 1532 dem König übergeben.

»Disant: O Roy amoureux des neufz Muses,
Roy en qui sont leurs sciences infuses
Roy plus que Mars d'honneur environné,
Roy le plus Roy qui fut oncq couronné.

Dieu tout puissant te doint (pour t'estrener)
Les quatre Coings du Monde gouverner,
Tant pour le bien de la ronde Machine,
Que pour aultant que sur tous en es digne.«

VILLA ROTONDA
IN VICENZA

VILLA ROTONDA

Wenn Franz I. durch seinen persönlichen Eingriff in die Plangestaltung von Chambord die Ikonographie dieses Schlosses wesentlich bestimmt hat, so ist die Konzeption der Villa Rotonda nicht durch ihren Bauherrn Paolo Almerico, sondern im Wesentlichen durch ihren Architekten entworfen worden. Sie stellt zugleich den Kulminationspunkt in Werk und Theorie Andrea Palladios dar, der von Giangiorgio Trissino in die geistige Welt des Humanismus eingeführt wurde und deren Leitgedanken er in der Villa Rotonda vollkommen in die Sprache der Architektur umzusetzen vermochte.

In seiner Monographie über die Rotonda hat Camillo Semenzato[1] eine Interpretation der Villa aus der humanistischen Tradition gegeben und sehr sensibel ihre ästhetischen Qualitäten analysiert. Die Fülle der Erkenntnisse und Überzeugungen des Humanismus, die in diesem Werk Palladios Gestalt angenommen haben, aufzuzählen, heißt den Blick für die ästhetischen Qualitäten der Villa Rotonda verstellen. Deshalb sei hier auf Semenzatos Analyse als einer der besten Interpretationen verwiesen. In unserem Zusammenhang sollen einige, bisher nicht herangezogene Quellen und Überlegungen nicht nur die Thesen Semenzatos stützen, sondern auch zur Bedeutung der Villa in ihrer geistesgeschichtlichen Stellung innerhalb der Renaissance weitere Einsichten vermitteln.

Die Architektur der Villa Rotonda (*Abb. 103–106*) dominiert einerseits, einem Denkmal gleich, die Landschaft. Sie stellt andererseits aber auch eine kontinuierliche, zart abgestufte Verbindung mit der Natur her[2]. Durch die Qualitäten der Formen, die Palladio in der Villa verwendet, versucht er den Bau nicht nur an der Umwelt zu orientieren und ihn mit ihr zu verbinden, sondern ihn auch im Universum zu verankern, ja dieses selbst in ihr sich verwirklichen zu lassen.

Das Achsenkreuz und die Portiken der Villa weisen in die vier Weltgegenden, eine der geläufigen Vorstellungen für die Verankerung in der Welt und die Setzung eines Zentrums[3]. Wenn jedoch die vier Ecken der Villa in die Haupthimmelsrichtungen wei-

---

[1] Camillo Semenzato, La Rotonda di Andrea Palladio, Vicenza 1968.
Die ehemalige Datierung der Villa Rotonda in die Zeit von 1550–1553 ist längst aufgegeben worden. Dokumente und Untersuchungen zur stilistischen Stellung der Villa belegen ihre Entstehung in den Jahren 1566–1570 oder ihren Baubeginn 1567/68 ziemlich sicher. Ch. A. Isermeyer, Die Villa Rotonda von Palladio, Bemerkungen zu Baubeginn und Baugeschichte, in: Zeitschrift für Kunstgeschichte, 30, 1967, p. 207 ff. W. Prinz, La ›sala di quattro colonne‹ nell'opera di Palladio, in: Bolletino CISA, XI, 1969, p. 505. Sowie der weitgehend unbekannt gebliebene Beitrag von Giovanni Mantese, La Rotonda fu iniziata nell'anno 1567, in: Vicenza, Rivista della Provincia, X, no. 5, Sept./Okt. 1968, p. 21–22.
[2] Semenzato, a. a. O., p. 21 ff. Palladio selbst schreibt: »... Onde perchè gode da ogni parte di bellissime viste, delle quali alcune sono terminate, alcune più lontane, et altre, che terminano con l'orizonte ...« Quattro libri dell'architettura, Venedig 1570, II, Kap. 3, p. 18.
[3] Auch der Parnaß wurde als Mitte und Nabel der Welt (umbilicus terrae) verstanden. Elisa-

sen, so folgt das einer praktischen Einsicht, nämlich, daß keine der vier Außenwände weder der Sonneneinstrahlung noch den Winden in ganzer Breite ausgesetzt ist (*Abb. 105*)[4]. Gleichzeitig folgt Palladio den vitruvianischen Vorstellungen von der Anlage der Straßen in einer Stadt, für die die Windrichtungen zu beachten sind.

Die beiden bestimmenden Formen des Grundrisses sind das äußere Quadrat und der innere Kreis, über dem sich die Mittelsala erhebt. Sie sind die »schönsten und regelmäßigsten Formen«, wie Palladio im Zusammenhang mit seinen Überlegungen zum Tempelbau bekennt. Beide Formen werden von Palladio auch als moralische Qualitäten begriffen. Die Form des Kreises ist naturgemäß »die vollkommenste und die ausgezeichnetste«, denn sie ist fähig, die »unità«, die »infinita essenza«, die »uniformità« und die »giustizia di Dio« darzustellen[5]. Das Quadrat und der Kreis stehen aber auch in der »ars memoriae« für die irdischen und für die himmlischen und geistigen Bilder, für die Bilder des Mikrokosmos und für die des Makrokosmos[6]. Beide läßt Palladio in der Rotonda unmittelbar Bild werden.

Palladio weicht von der im Veneto traditionellen Wahl des Ortes für die Villa, nämlich der Lage am Hang mit Ausrichtung nach Süden, ab. Begünstigt durch das Terrain wählt er die Kuppe des Hügels als Bauplatz. Jeder, der die Villa betreten will, muß folglich dorthin aufsteigen. Zwei Wege führten zu ihr hinauf, einmal der heute verschüttete von der Seite der Straße und des Bacchiglione, wahrscheinlich als Fußweg, der andere von der Nordwestseite, von der man noch heute die Villa erreicht[7].

Vom Aufstieg zu den Tempeln schreibt Palladio »... conciosia che il salire al Tempio apporti seco maggior divozione, e Maestà«[8]. Alle Wege zur Tugend sind mit dem Aufstieg verbunden. Anton Francesco Doni hat das in seiner 1564 in Padua erschienenen Architekturallegorie »Pitture« beschrieben. Er rechtfertigt diese Beschreibung folgendermaßen: »Quando si fabbricò la mia casa... che fù in quel tempo, che il Gran Ficino fece care il fondamento del suo Museo; io entrai in bizarria di far dipingerla tutta dentro, mosso dal suo [Ficino] dire; che cosi al suo palazzo voleva fare...«[9]. Doni be-

---

beth Schröter, Die Ikonographie des Themas Parnaß vor Raffael, Diss. Hildesheim, New York 1977, p. 41. Siehe auch das Kapitel Filaretes Turm der Tugend, Chambord und der Palast des Apolidon.

[4] Die heftigen Gewitter ziehen vom Gardasee her auf, also etwa von Westen. Der Nordwind trifft auf die Nordecke, der Scirocco auf die Südecke und die Bora, der für Triest typische Wind, trifft auf die Ostecke.

[5] Quattro libri dell'architettura, a. a. O., IV, p. 6, »Delle forme de tempii«. Auch bei Serlio sind Palast des Königs und Tempel grundsätzlich austauschbar. Derselbe Grundriß kann sowohl für das eine wie für das andere dienen. Vgl. z. B. Ms München, VI. Buch, fol. 35 v., fol. 36 v.

[6] Francis A. Yates, The Art of Memory, Theater of the World, London 1969, p. 142 f., »ars quadrata« und »ars rotunda«. Siehe zum Kreis als Grundform auch Rudolf Wittkower, Die Grundlagen der Architektur im Zeitalter des Humanismus, München 1969, p. 17 ff. und p. 28 ff. Für das Mandala vgl. neuerdings Joseph Rykwert, The Idea of a Town, London 1976, p. 163 ff.

[7] Semenzato, a. a. O., p. 21 f. Palladio kennzeichnet den Bauplatz: »Il sito è degli ameni, e dilettevoli che si possano ritrovare: perchè è sopra un monticello di ascesa facilissima, et è da una parte bagnato dal Bacchilione fiume navigabile.« Quattro libri, II, Kap. 3, p. 18.

[8] Quattro libri, IV, p. 5.

[9] Anton Francesco Doni, Pitture del Doni, nelle quali si mostra di nuova invenzione:

zieht sich hier auf Marsilio Ficinos »Museo«, dessen Inventionen er in seinem eigenen Hause, das er auch ›teatro‹ nennt, verwirklichen würde. Die Beschreibung stellt ein Haus vor, das sich über einem runden Hügel, der in einer Ebene liegt, erhebt. Die Ebene ist von einem Fluß umgeben, der in einem schönen, frischen Tal endet[10]. Auf den Berg führt eine Steintreppe von 42 Stufen, so breit, daß vier Personen bequem auf ihr nebeneinander gehen können[11]. Rechts und links stehen Pfeiler, die ein Tonnengewölbe tragen. In ihm sind die Tugenden und Laster dargestellt, beginnend mit Giuditio, Prudenza, Bontà mit ihren Attributen, im ganzen 20 Allegorien bis zur Hälfte der Treppe, auf der sich eine Ebene mit einer Loggetta befindet. Von hier führt ein Weg in lichter Höhe unter Pergolen um den Berg herum[12]. Über der Loggetta erhebt sich schließlich eine Kuppel (tribuna tonda) mit vielen Tugenden, die Preise demjenigen überreicht werden, der zum letzten Gipfel aufsteigt. Am Anfang der weiterführenden Treppe steht Honore zwischen Invidia und Honestà. »Dagli honori sale il virtuoso huomo alla Nobiltà.«

Mit der Allegorie der Gloria endet die Treppe, und man gelangt an das Tor des aus Marmor errichteten Hauses mit einer Sonnenuhr und einer Sanduhr, auf ihr das Motto SVMVS.

Auch wenn der Vielschreiber Doni sich für die architektonische Form »seines« Hauses nicht besonders erfinderisch zeigt, überträgt er doch die Diskussion über die Tugenden[13] in die Vorstellungswelt der Villenarchitektur mit dem Topos des Aufstiegs. Über

---

Amore, Fortuna, Tempo, Castità, ... divise in due trattati, Padova 1564 (p. 6 r. »Le mie pitture saranno certe grottesche in aria ...«).
Arasse bezeichnet diese Ausstattung als Beispiel für die ars memoriae. D. Arasse, Ars memoriae et symboles visuels: La critique de l'imagination et la fin de la Renaissance, in: Symboles de la Renaissance, Presses de l'Ecole Normale Supérieure, Paris 1976, p. 58 ff.

10 Vgl. Anm. 7.
11 Topos für: bequeme, großzügig gebaute Treppe.
12 p. 7 v. Vgl. Dantes »nobile castello« im Kapitel »Turm und Kastell als Metapher«.
13 Die lange Diskussion und die Fülle humanistischer Literatur über die Tugenden finden in ganzer Breite erst spät Eingang in die Kunstliteratur.
Grundlegend für die Bedeutung der Virtus in der Renaissance dürften Petrarcas Schriften sein. Klaus Heitmann (Fortuna und Virtus. Eine Studie zu Petrarcas Lebensweisheit, Köln, Graz 1958) hat dargestellt, wie bei Petrarca die Virtus, als sittliches Prinzip, keinem anderen Ziele dient, in sich völlig autark ist und auf ihr allein das wahre Glück beruht. Virtus und Sapientia werden, wie bei Seneca, synonym gebraucht (Heitmann, p. 168), virtus und filicitas sind dagegen Zwillingsschwestern, die stets zusammen und nie einzeln auftreten (Heitmann, p. 181. Als unicum bonum ist virtus der einzige Weg zum Glück, ibid. p. 179), und der Virtus folgt der Ruhm wie ein Schatten seinem Gegenstand. (Heitmann, p. 216 u. 222: über »scientia« und »virtus« bei Coluccio Salutati, siehe Eckhard Kessler, Das Problem des frühen Humanismus, seine philosophische Bedeutung bei Coluccio Salutati, München 1968, insbes. p. 50 f., 63 f., 104 ff., 177 ff., und Eugene F. Rice jr., The Renaissance Idea of Wisdom, Cambridge/Mass. 1958, p. 36 ff.) Die wichtigsten Erscheinungsformen der einen Virtus sind die vier moralischen oder Kardinaltugenden, die seit Platon fester Bestandteil der Moralphilosophie sind. (Heitmann, p. 59: Klugheit [prudentia], Gerechtigkeit [iustitia], Starkmut [fortitudo] und Mäßigkeit [temperantia].)
Die Diskussion um die Bedeutung der Tugenden für die Formung des Menschen wird unter anderem in den Traktaten De nobilitate geführt. Von Buonaccorso da Montemagno (1428)

die humanistischen Studien führte ein Weg zur Tugend und nicht nur in den Akademien, wie in Trissinos Villa Cricoli, wurde auf die Tugenden verwiesen – dort lauteten die Inschriften über den Türen: »Genio et Studiis, Otio et Musis, Virtuti et Quieti«[14] – Beispiele, wie die Ausstattung der Gästezimmer der Villa Repeta in Campiglia zeigen, daß die Tugenden durch ihre bildliche Darstellung auch den Wohnräumen ihren Sinn geben. Die Gäste wurden dort laut Palladios Aussage vom Hausherrn in das Zimmer gewiesen, dessen Tugend dem Gast am meisten entsprach. Mäßigung und Gerechtigkeit (Continenza und Giustizia) sind die Tugenden, die Palladio an dieser Stelle nennt[15]. Alessandro Maganza hat in der Dekoration der Villa Rotonda La Continenza, La Temperanza (?) La Fede und La Prudenza (?) freskiert[16].

---

zu Cristoforo Landinos De vera nobilitate (um 1487, ed. Maria Teresa Liaci, Florenz 1970) und seinen Disputationes Camaldulenses (um 1474; Camaldulensische Gespräche, übersetzt und eingeleitet von Eugen Wolf, Jena 1927, XVII. In: Prosatori latini del Quattrocento, ed. Eugenio Garin, Mailand, Neapel 1952. André Chastel, Marcile Ficin et l'art, Genf 1954, p. 25), in denen unter anderem auch Leon Battista Alberti Gesprächspartner ist, wird dargestellt, wie die nobilità das Werk des tätigen Menschen ist. Dem Adel von Geburt wird der Adel des Menschen, den er durch Tugend erwirbt, gegenübergestellt. In den Camaldulensischen Gesprächen beschreibt der spätere Sekretär der Florentiner Republik des langen die Irrfahrten des Menschen zwischen Tugenden und Lastern am Beispiel des Aeneas. Der seelischen Entwicklung des Helden liegt eine bestimmte Stufenfolge von Tugenden zugrunde. »Zunächst hat es Aeneas mit den moralischen Tugenden zu tun, bei denen drei Ordnungen zu unterscheiden sind: die politischen oder staatsbürgerlichen, die läuternden, welche bereits die Abwendung von den Dingen dieser Welt in sich schließen..., die dritte Gruppe [geht] bereits über in die intellektuellen Tugenden, die Tugenden der Kontemplation, die den Endpunkt der Entwicklung darstellen« (Camaldulensische Gespräche, p. XVII). »›Ein langer Weg war es‹, damit schließt Landino seine Allegorese, ›auf dem ihr mir gefolgt seid, voll von Fährnissen und Irrtümern, der jedoch den die Tugend liebenden endlich zum ersehnten Ziel geführt hat.‹« Es wird von einem Tugendberg gesprochen, der zu erklimmen ist (Camaldulensische Gespräche, p. 20), Aeneas gelangt schließlich nach Italien und zu den »friedlichen Wohnsitzen«.
Cosimo und Piero de' Medici förderten Landino, der seinerseits seinen Gönner als Felsen bezeichnete, auf dem die Vaterstadt ruht und aus dem ein Quell entspringt, der den Arno anschwellen läßt und alles Land zum Grünen bringt, so daß die Musen die griechischen Quellen verlassen und nunmehr Etrurien bewohnen (Camadulensische Gespräche, p. VI).

14 S. Rumor, Villa Cricoli, Archivio Veneto Tridentino, IX, 1926, I, 206.
Der Lehrplan der Akademie umfaßte Philosophie, Astronomie, Geographie und vor allem Musik.
»Wir werden nicht fehlgehen, wenn wir annehmen, daß für ihn [Palladio] das Schaffen edler Architektur eine moralische Verpflichtung war, ja noch mehr, daß er, gemäß den Lehren der Akademie des Trissino, Architektur als einen hoch entwickelten Zweig der Künste und Wissenschaften betrachtete, deren Gemeinsamkeit das Ideal der ›Virtus‹ ausmachte.« Wittkower, a. a. O., p. 56. Über Trissino und die humanistischen Ideale seiner Umgebung siehe Wittkower, a. a. O., p. 51 ff.

15 Quattro libri, II, 61.

16 Luciana Grosato, Gli Affreschi nelle Ville Venete del Cinquecento, Treviso 1962, Abb. 159 bis 162.
Zur Dekoration von Palladios Bauten siehe W. Wolters, Andrea Palladio e la decorazione dei suoi edifici, Bulletino CISA, X, 1968, 255 ff.
Pietro Bembo schreibt in einem Sonett: »Casa, in cui le virtuti han chiaro albergo, ...« (Pietro Bembo, Opere, Venedig 1729, II, Rime, p. 36, Sonett CXLVII).

»Dimora delle muse« nennt auch Semenzato die Villa-tempio und sieht in ihr ein moralisches Ideal verwirklicht[17]. In bezug auf die Villa sprach schon Marsilio Ficino von den Musen auf den Äckern der Ceres und den Hügeln des Bacchus[18]. Briefe Ciceros an Atticus bestätigen, daß er sein Gymnasium ein Weihegeschenk an Athena, seine Villa eine Akademie nennt, die ein Musenheiligtum war, denn Platons Statue in der Akademie war den Musen geweiht[19]. So verstanden Paolo Giovio[20] und auch Giangiorgio Trissino ihre Villenbauten. Die Musen waren seit alters die Schirmherrinnen der Philosophie und der Musik, nicht nur der Poesie. Die Schule des Pythagoras wie die Platons ist schon in ihren Anfängen mit dem Kult der Musen verknüpft[21]. »Mit den Musen leben, heißt humanistisch leben«, so hat es Cicero ausgedrückt[22]. Dieses Ideal ist in der Villa Maser durch die Fresken Veroneses in der Sala a Crociera dargestellt worden, in der die Musen versammelt sind[23]. In der Villa Rotonda hat Palladio

---

17 Semenzato, a. a. O., p. 12 f.
18 Bernhard Rupprecht, Villa, Zur Geschichte eines Ideals, Wandlungen des Paradiesischen und Utopischen, Studien zum Bild eines Ideals. Probleme der Kunstwissenschaften, II, 1966, p. 234.
19 Karl Schefold, Der Sinn der römischen Wandmalerei, in: Vermächtnis der Antike, hrsg. von Reinhard Herbig, Heidelberg 1950, p. 181.
20 Wenn Paolo Giovio um 1540 nicht nur das mit Apoll und den Musen ausgemalte Zimmer, sondern seine ganze Villa, die er über der berühmten Plinius-Villa Laurentinum am Comer See errichtet hatte, Museum nennt, nimmt er damit einen antiken Topos auf. (E. Müntz, Le Musée de portraits de Paul Jove. Contribution pour servir à l'iconographie du moyen-âge et de la renaissance, Mémoires de l'Académie des Inscriptions et Belles Lettres, XXXVI, Paris 1900, 1–95; L. Rovelli, L'opera storica ed artistica di Paolo Giovio. Il Museo dei ritratti, Como 1928; P. O. Rave, Das Museo Giovio zu Como, Miscellanea Bibliothecae Hertzianae, Wien 1960, 275–284; Pier Luigi De Vecchio, Il Museo Gioviano e le »verae imagines« degli uomini illustri, in: Omaggio a Tiziano, la cultura artistica milanese nell'età di Carlo V, Mailand 1977, pp. 87–96).
Studioli mit ihren Sammlungen, Bibliotheken und Versammlungsräume der Humanisten wurden in dieser Tradition im 16. Jahrhundert den Musen geweiht. Dieser Brauch hat sich nicht nur in Italien, sondern auch in Deutschland (Renate von Busch, Studien zu deutschen Antikensammlungen des 16. Jahrhunderts, Diss. Tübingen, 1973, p. 82 u. Anm. 39) und in Frankreich durchgesetzt. So war an der Grotte von Meudon, die der Kardinal von Lothringen, Charles de Guise, durch Primaticcio 1553–58 erbauen ließ, die Inschrift »Quieti et Musis Henrici II Galliae PR.PP.PPS.« angebracht. In dieser ›Grotte‹ hatte der Kardinal seine Antikensammlung aufgestellt. (L. Châtelet-Lange. Le ›Museo di Vanves‹ [1560]. Collections de sculptures et musées au XVIe siècle en France, Zeitschrift für Kunstgeschichte, 38, 1975, p. 275 ff., p. 282.)
21 E. R. Curtius, Europäische Literatur und Lateinisches Mittelalter, 4. Aufl., Bern/München 1963, p. 236.
22 E. R. Curtius, a. a. O., p. 235; Cicero, Tusc. V, 23, 66: »cum Musis, id est, cum humanitate et doctrina.«
23 L. Crosato, a. a. O., Abb. 46–48. Reinhard Bentmann, Michael Müller, Die Villa als Herrschaftsarchitektur, Frankfurt 1970, p. 56, mit Ergebnissen der noch nicht veröffentlichten Dissertation von Reinhard Bentmann. In dem Zimmer der Künste der Villa Emo in Fanzolo sind zusammen mit der Architektur, Malerei und Skulptur auch Astronomie, Musik und Poesie dargestellt, die Musen des Tanzes und des geselligen Spiels. In den venezianischen Villen des 16. Jahrhunderts sind die Themen, die Palladio ästhetisch in der Architektur der Villa Rotonda zu fassen versteht, in der Dekoration überhaupt verbreitet: Musen, Jahreszeiten (Villa Godi, Lonedo; Crosato, Abb. 36), Die Tugend vertreibt das Laster (ebenda,

diese Vorstellungen in die Architektur übertragen und die Villa selbst zum Inbild des Parnaß, des Sitzes der Musen werden lassen, zum Tempio delle muse.

Daß diese Vorstellung in humanistischen Kreisen weit verbreitet war, beweist das hoch im Norden, auf der Insel Hven in Dänemark errichtete Observatorium des berühmten Astronomen Tycho Brahe. Mit finanziellen Mitteln und Privilegien des Königs ausgestattet, konnte Tycho Brahe nach eigenen Vorstellungen seinen Bau errichten, der als erstes, eigens für diesen Zweck konzipierte Observatorium bezeichnet werden kann (Abb. 110). Der Bau enthielt Laboratorien, eine Druckerei, eine Bibliothek sowie Gästezimmer für König Friedrich II. und seine Frau Sophie, war aber mit der Absicht geplant, genaueste Beobachtungen der Gestirne durch die von Tycho Brahe verfeinerten wissenschaftlichen Instrumente zu ermöglichen.

Die zwischen 1576 und 1581 errichtete Anlage ist zwar nur noch durch Abbildungen überliefert, sie lassen jedoch erkennen, daß auch diese, der wissenschaftlichen Beobachtung gewidmete Konstruktion dem geläufigen humanistischen Gedankengut folgt, das auch die Villa Rotonda geprägt hat.

Das Observatorium wurde der höchsten der Musen gewidmet und erhielt nach ihr den Namen: Uraniborg. Über der Mittelkuppel trägt die Wetterfahne das Bild des Pegasos und spricht damit bildlich das aus, was Palladio in der Rotonda architektonisch zu verwirklichen vermochte.

Mit der Villa Rotonda, aber auch mit dem Schloß Chambord, teilt das Observatorium die Form des Achsenkreuzes, das in seiner Mitte überkuppelt ist. Damit wird auch von Tycho Brahe das Observatorium im Kosmos verankert und ein Zentrum gesetzt (vgl. S. 66 ff.). Nur ist dieses Zentrum nicht mehr geographisch beliebig wählbar. Es hatte für die Himmelsbeobachtungen, die Tycho Brahe in einer ihrer Achsen (in Nord-Süd-Richtung) durch den riesigen Mauerquadranten vornahm (Abb. 111), geographisch genau bestimmt werden müssen, um den Beobachtungen und Messungen eine exakte Grundlage geben zu können[24].

Unter der Mittelkuppel, in der Zeiger zumindest die Uhrzeit und Windrichtung angaben, befand sich in Uraniborg ein »sich schnell drehender Wasserspringbrunnen«. Da die eigentliche Wasserquelle, mit der Tycho Brahe über Leitungen die Zimmer versorgte, in der Küche lag, könnte der Wasserspringbrunnen, der unter der vom Pegasos gekrönten Kuppel lag, als Quell des Musenberges verstanden werden.

Crosato, Abb. 37), Der Olymp (ebenda, Crosato, Abb. 33–35) und in der Villa Maser (Crosato, Abb. 12).

[24] Als Claude Perrault das Pariser Observatorium entwarf, wurden 1671 auf dem Gelände der zerstörten Uraniborg Messungen durchgeführt, um das Verhältnis des dortigen Meridians zu dem von Paris festzustellen. Am 21. Juni 1667, dem Tag der Sonnenwende, zeichnete man in feierlicher Zeremonie den Meridian auf einen Stein und bestimmte damit die genaue Lage des Gebäudes (Michael Petzet, Claude Perrault als Architekt des Pariser Observatoriums, Zeitschrift für Kunstgeschichte 30, 1967, p. 3 ff.). – Uraniborg wurde wahrscheinlich vom königlichen Baumeister Hans van Paschen begonnen, zweiter Architekt war Hans van Stenwinkel aus Antwerpen (seit 1582 königlicher Baumeister). – Charles Christensen, Francis Beckett, Tycho Brahe's Uraniborg and Styerneborg on the Island of Hveen, London, Kopenhagen 1921. M. Olsson, Uraniborg och Stjärneborg, Stockholm 1968. – Ohne ikonologische Fragen zu erörtern, hat sich mit Sternwarten beschäftigt: Peter Müller, Stern-

Die Villa ist stets auch als ein idyllisches Gegenbild zur korrupten Stadt verstanden worden, als ein von den Zwängen der Stadt freies »irdisches Paradies« (terrestre paradiso)[25]. Palladio, wie schon Alberti, haben das Haus als eine kleine Stadt, die Stadt als ein großes Haus bezeichnet[26]. Stadt und Haus haben gemeinsame Eigenschaften. Die Wahl des Ortes und seine Lage sind gleichermaßen wichtig: Fluß und Straße führen nahe an der Villa Rotonda vorbei. Beide, die Stadt und das Haus, können zum Abbild des Kosmos werden. In Campanellas Sonnenstaat = Sonnenstadt sind die sieben ringförmigen Mauern nach den Planeten benannt. Wie die Sterne um die Sonne, so kreisen sie um einen Mons virtutis, Mons Olympus oder Mons Musarum.

Locus amoenus, paradiso terrestre, sito delle Muse sind die zeitgenössischen Metaphern für die Villa. Sie münden in die Vorstellung vom Musenberg, dem Parnaß. Die Musen aber wahren die harmonische Ordnung des Kosmos und der Sphären, sie geleiten die Gestirne auf ihren Bahnen. Sie sind die Erzeugerinnen der Sphärenmusik[27].

Während Veronese dieses Thema in der Villa Maser durch seine Fresken in der Sala a Crociera mit dem Triumph der Harmonie der Schöpfung und in der Sala dell'Olimpo durch die Götter der Planeten mit ihren Zodiakalzeichen die Elemente und die Jahreszeiten ausdrückte, wird die Harmonie des Kosmos von Palladio in die durch Proportionen bestimmte Harmonie der Architektur der Villa Rotonda übertragen[28].

---

warten, Architektur und Geschichte der astronomischen Observatorien, Diss. Köln, Frankfurt 1975, p. 34 ff. Für ikonologische Untersuchungen von Sternwarten siehe dagegen Johann-Christian Klamt, Der runde Turm in Kopenhagen als Kirchturm und Sternwarte. Eine bauikonologische Studie, Zeitschrift für Kunstgeschichte 38, 1975, pp. 153–170, und ders., The Round Tower and its Relation to Architecture of the 16th Century, HAFNIA, Copenhagen Papers in the History of Art, 1976, pp. 55–70.

[25] Rupprecht, a. a. O., p. 238 ff.
[26] II, 12; auch Plato, Gesetze, Buch 6: »Es ist gar kein unerfreuliches Bild für das Auge, wenn die Stadt das Aussehen eines einzigen Hauses bietet.« Nomoi 779, b 4. Indem die Stadt als *eine* Wohnung erscheine, biete sie keinen unangenehmen Anblick.
[27] Elisabeth Schröter, a. a. O., p. 90. Palladio betonte »che le proportioni delle voci sono armonia delle orecchie, cosi quelle delle misure sono armonia degli occhi nostri«. Brief an die Baukommission für den Dom zu Brescia, abgedruckt in Antonio Magrini, Memorie intorno la vita e le opere di Andrea Palladio, Padua 1845, p. 12. Vgl. Alberti, De re aedificatoria, libr. IX, V (Übersetzung Theuer), p. 496.
[28] Siehe auch das Kapitel »Die Proportionen Palladios und die Entwicklung der Musiktheorie im 16. Jahrhundert« in Wittkower, a. a. O., p. 107 ff. Zur Harmonie und Architektur und des Weltalls siehe Wittkower, a. a. O., p. 28. Die Untersuchung der Maßeinheiten der Rotonda hat schon Bertotti Scamozzi vorgenommen. Hier folgt dessen Text mit den Zusätzen Semenzatos:
»La proporzione delle Camere non è di nessuna delle sette maniere del Palladio insegnate; imperciocché sono larghe P. 15½ e lunghe P. 24 once 4. La loro altezza è stata stabilita con la media proporzionale Aritmetica, cioè colla prima delle tre medie. I Volti di queste Camere, i quali sono a conca, hanno di raggio quasi il terzo della larghezza delle Camere medesime ... La Cornice d'imposta, sopra di cui principia la volta, è l'undecima parte dell'altezza del piano della Camera fino alla sommità di essa Cornice.
I Camerini sono lunghi una larghezza e mezza; ... il raggio della loro curva è la terza parte della larghezza del Piano.«
Va osservato a commento di questo esame del Bertotti Scamozzi che la proporzione delle stanze maggiori (Camere) si avvicina abbastanza alla VI maniera (Palladio, L., I, p. 52,

Bei Virgil sind die Musen die Beschützerinnen der Wissenschaft und Philosophie. Sie sollten ihm aber auch alle Erscheinungen der Natur erklären. »Me vero primum dulces ante omnia Musae, ...«

»Mich aber nehmt, ihr Gewogenen, auf, ich trage die Zeichen
Eures geheiligten Diensts, von inniger Liebe durchdrungen,
Musen, und lehrt mich verstehn die Bahn der himmlischen Lichter,
Sonnenverfinstrung auch und des Mondes wechselnde Mühsal,
Und weshalb das Erdreich bebt, und die offene Meerflut
Uferhinauf anschwillt und stets in sich selber zurücksinkt,
Oder weshalb am Wintertag die Sonne so zeitig
In den Oceanus taucht, was zaudernde Nächte zurückhält.
Sollt' aber doch ums Herz ein kalt verstocktes Geblüt mir
Solcher Geheimnisse Sinn und Kundschaft nimmer gewähren,
Will ich euch Wäldern und Au'n von lauteren Strömen durchronnen,
Gerne beglückt einwohnen und ruhmlos! ...
Glücklich, welcher vermocht der Welt Ursachen zu kennen ...«[29]

Virgil erbittet von den Musen nicht weniger als die Erkenntnis der Natur, die Erkenntnis über die Gründe des Laufes der Gestirne, der Sonnenfinsternis, der Mondphasen, der Jahreszeiten, der Länge des Tages und der Nacht[30].

---

lunghezza = larghezza + 2/3 della stessa), mentre la lunghezza delle stanze piccole (Camerini) si avvicina a quella ricavata con la V maniera.

L'altezza delle stanze maggiori corrisponde esattamente a quella calcolata dal Palladio nel I modo (L. I, p. 53) l'altezza delle minori s'avvicina ma resta superiore a quella calcolata ugualmente nel I modo.

Le finestre e le porte di tutte le stanze hanno la stessa misura. La proporzione delle porte interne si avvicina a quella suggerita dal Trattato (L. I, p. 55) solo se calcolata nelle stanze piccole e resta ugualmente inferiore ad essa. Le finestre sono regolari rispetto al trattato solo relativamente alle stanze grandi.

a. a. O., Anm. 24.

Siehe auch Robert Streitz, Palladio. La Rotonde et sa géométrie, Lausanne, Paris 1973. Er resümiert, p. 31: »... noch bewohnbare und in den Ansichten harmonische Architektur, obgleich die mathematischen Entsprechungen auf ein Höchstmaß an Konkordanz gebracht sind.«

[29] Curtius, a. a. O., p. 237. Übersetzung R. A. Schröder (Georgica II, 475 ff.).

In der Accademia degli Infiammati von Padua las und kommentierte man in den 1540er Jahren neben Homer, Theokrit und Horaz auch Vergil. Siehe Cesare Volpi, Studi sulla cultura del Rinascimento, Lacaita editore, Manduria 1968, p. 263. In dem »Capitolo del Maganza ... al Signor Francesco Trento«, den Freund Trissinos und Palladios, schreibt der Maler und Dichter Giambattista Maganza:

Voi sacre ninfe e dee ...
...
Dite se il ciel che si rappidamente
s'aggira intorno al globo della terra
produce l'aura [Lüftchen] ch'ivi ogn'or si sente?

Aus Giovanni da Schio, Vicentinerie, Ms. Biblioteca Vicenza, vol II, c. 153 ff.

[30] Im Buch der Weisheit (7: 17–19) heißt es: »Denn er [Gott] verlieh mir untrügliche Erkenntnis der Dinge, daß ich den Bau des Weltalls verstünde und die Wirksamkeit der Elemente, Anfang, Ende und Mitte der Zeiten, den Wechsel der Sonnenwende und den Wandel der Jahreszeiten, den Ablauf des Jahres und die Stellungen der Gestirne, ...«

Im Observatorium Tycho Brahes ließen sich die Windrichtungen und die Uhrzeit in der Kuppel ablesen, Winter- und Sommersonnenwende in der Tribuna der Uffizien[31]. Aber schon im Tempel der Venus der Hypnerotomachia Poliphili (*Abb. 99 und 101*) war der Sonnen- und Mondlauf durch die Tierkreise, der Lauf der Fixsterne und der Planeten abgebildet[32]. Schließlich konnte man den Umlauf der Sonne, die Winter- und die Sommersonnenwende sehen. Der gesamte Tempel war als »kosmische Uhr« konzipiert[33].

In dem Holzschnitt, der einen Bau im Typus der Rotonda wiedergibt (*Abb. 109*), hat Vincenzo Scamozzi den Lichteinfall berechnet. Robert Streitz sieht in der Linie, die in der Loggia nach Süden einen Winkel von 22 Grad bildet, die Inklination der Sonne am Mittag der Wintersonnenwende für Vicenza fixiert. Die Sonneneinstrahlung durch die Kuppel entspricht 1½ Stunden vor der Mittagsstunde und 1½ Stunden nach der Mittagsstunde während der Sommersonnenwende[34].

Palladio hat in der Rotonda die Bindung des Menschen in die Naturgesetze ästhetisch erfahrbar übertragen.

Daniele Barbaro kommentiert die Schöpfung des Architekten: »Der Künstler arbeitet zunächst mit seinem Verstand und empfängt im Geiste, dann formt er den Stoff zum Symbol nach seiner inneren Vorstellung. Dies gilt besonders von der Architektur.«[35] Auf diese Weise ist Palladio bei der Planung seines Baues vorgegangen. Die kosmische Ordnung hat er in der Villa Rotonda »geformt«, durch den Lichteinfall vergegenwärtigt. Aus der Mittelsala läßt sich durch die in vier Himmelsrichtungen weisenden Portiken der Tageslauf der Sonne ablesen. Die Helligkeit, die durch die Portiken eindringt, entspricht dem jeweiligen Stand der Sonne, so daß derjenige, der in der Sala steht, am Tageslauf der Sonne teilhaben kann, ja die Tageszeit zu bestimmen vermag. Das Licht, das aus der offenen Kuppel in die Sala dringt, bleibt dagegen in seiner Helligkeit stets gleich und unwandelbar[36].

---

31 Der achteckige Bau ist in Anlehnung an den Turm der Winde in Athen entstanden. Ursprünglich waren in ihm die Tierkreiszeichen dargestellt. Am Datum der Tag- und Nachtgleiche im Frühjahr und Herbst fiel ein Sonnenstrahl auf die Zeichen des Widders beziehungsweise der Waage. An den Tagen der Sommer- und Wintersonnenwende fiel der Strahl auf die Zeichen des Krebses oder Steinbocks. Francesco Bocchi, Le bellezze della città di Firenze, Florenz 1591, p. 53 f. Detlef Heikamp, Zur Geschichte der Uffizien-Tribuna und der Kunstschränke in Florenz und Deutschland, Zeitschrift für Kunstgeschichte, 16, 1963, p. 208. Zum Turm der Winde in Athen neuerdings Joseph V. Noble und Derek J. de Solla Price, The Water Clock in the Tower of the Winds, American Journal of Archeology, 72, 1968, bes. p. 352, wo der ganze Bau als »symbolizing the cosmos« dargestellt wird.

32 Ficino erwägt in »De vita coelitus comparanda« eine Darstellung des ›imago mundi‹. Er sagt, daß wenn jemand an Gewölbe seiner Behausung ein Weltbild anbringt, so tut er dies, damit er es ständig betrachten kann und dadurch in Erinnerung behält. Der Nutzen würde darin bestehen, daß er, außerhalb seines Hauses weilend, alle Einzelerscheinungen der Welt als Bestandteile jenes gesamten Weltbildes verstehen wird, das er im Gedächtnis trägt. Ewa Chojecka, Johann Kepler und die Kunst. Zum Verhältnis von Kunst und Naturwissenschaften in der Renaissance, Zeitschrift für Kunstgeschichte, 30, 1967, p. 66.

33 Francesco Colonna, Hypnerotomachia Poliphili ed. Giovanni Pozzi und Lucia A. Ciapponi, Padua 1964, 2 Bde., I, p. 194.

34 Robert Streitz, a. a. O., p. 25.

35 Im Vitruvkommentar zu I, 1, 3. Der Architekt hatte Kenntnisse von den Himmelserscheinungen zu besitzen.

36 Semenzato, a. a. O., p. 28 f.

Das alles fügt sich zur Erkenntnis der »Ursachen der Welt«. Virgil erbat in seinem Gedicht nicht die Gaben der Dichtkunst von den Musen, sondern er wünschte von ihnen die Erkenntnis der kosmischen Gesetze. Die Musen »spenden das Wissen, das die Angst vor dem Tode und der Unterwelt überwindet«[37].

Der Einfall des Lichtes in die Rotonda ließe sich aber auch im christlichen Sinne verstehen. Jedenfalls lautet eine Textstelle in Bovillus' De sapiente[38] wie eine Interpretation des Lichtes in der Villa Rotonda. Sein Text enthält die Interpretation des senkrecht von oben einfallenden Lichtes: »L'angelo si apre come l'occhio superiore; è capace di accogliere la luce divina per un unico raggio, semplice e perpendicolare; è rivolto a Dio stesso senza mediazione,...« Bovillus wiederholt das Bild noch einmal: Das »occhio superiore«, das gegen die mittägliche Sonne gerichtet ist, wird wie der engelgleiche Intellekt sein.

Die Augen, die die Sonne im Osten und Westen sehen, erkennen das Menschliche, Wechselhafte, das nur für eine partielle Erkenntnis Gottes ausreicht: »Gli occhi mediani, che guarderanno il sole a oriente e occidente, saranno le visioni umane, con cui all'uomo è concessa la contemplazione divina frammentariamente e con raggio [der Sonne] deviante di qua e di là.«

Das untere oder nach unten gerichtete Auge wird wie das Auge der Tiere sein, Ausdruck für die geringe Qualität der Erkenntnis Gottes und der geringen Teilhabe der stummen Tiere an der göttlichen Erleuchtung: »L'occhio inferiore, che guarda il sole notturno, sarà come l'occhio animale, expressione di quanta cognizione di Dio e particazione alla divina luce risiede nei muti animali.« Die Faunmaske im Fußboden der Mitte der Sala in der Rotonda (Abb. 108) diente für den Abfluß des Regenwassers, das durch die ehemals offene Kuppel fiel[39]. Sie ist die einzige Antike in der Villa Rotonda, die der zum römischen Bürger erhobene Paolo Almerico aus Rom nach Vicenza gebracht haben wird. Schon in der römischen Antike dienten derartige Masken als Wasserabfluß wie die Wiederverwendung des Exemplars im Hof des Palazzo della Valle in Rom bestätigt (Abb. 107)[40]. Inhaltlich scheint die Faunsmaske in der Villa

---

[37] Curtius, a. a. O., p. 237.
[38] Übersetzung und ed. Eugenio Garin, Turin 1943, Kap. XXXIX, p. 140 f. Vgl. Abb. 40.
[39] Inigo Jones beschrieb die Kuppel noch als offen. Siehe Semenzato, a. a. O., Anm. 12, p. 40. Die Laterne wurde erst 1740 aufgesetzt. Siehe zuletzt: Christian-Adolf Isermeyer, Ein Bildnis Palladios und eine frühe Ansicht der Villa Rotonda, Festschrift Herbert Siebenhühner, Würzburg 1978, p. 139. Die Villa Rotonda hat unter der Faunsmaske der Mittelsala keinen Brunnen, sondern nur einen Stein, der zu einer Halbkalotte mit ca. 40 cm Durchmesser ausgearbeitet ist. An dieser Stelle die Quelle des Musenberges zu vermuten, geht folglich nicht an.
[40] Siehe Marten van Heemskercks römisches Skizzenbuch im Berliner Kupferstichkabinett, Bd. II, fol. 20. Sie ist von Heemskerck in der Lukasmadonna im Musée des Beaux-Arts von Rennes wiederholt worden, siehe Abb. 68 in Ilja M. Veldman, Marten van Heemskerck and Dutch Humanism in the SixteenthCentury, Maarsen 1977.
In Klenzes Münchner Glyptothek enthält der Abfluß in der Mitte des Hofes die Kopie einer ähnlichen Maske. Freundlicher Hinweis von Paul Zanker.
Serlio sah in der Mitte der Rundsala eines Bades eine gleichartige Maske vor, die er »fontana viva« bezeichnete (Sebastiano Serlio, VI. Buch, ed. Myra Nan Rosenfeld, New York 1978, XXXII). Es ist auffällig, daß der Abguß der Maske in der Glyptothek in Mün-

Rotonda jedoch die nach kosmischen Gesetzen geordnete, harmonische Architektur gegen den ungebärdeten, ungeformten Urzustand der Natur abzugrenzen.

Wer die Mittelsala, den heiligen, den Musen geweihten Raum, betritt, kann über die Maske des Fauns schreiten. Er evoziert damit unwillkürlich das in Veroneses Allegorie *(Abb. 78)* und in den Flammenkandelabern über Satyrköpfen von Blois und am Louvre gebrauchte Bild der Überwindung des Lasters *(Abb. 73 und 76)*[41]. Er steht in der Welt der kosmischen Harmonie und der Virtus.

---

    chen zwei Bohrlöcher in den Augen und drei nebeneinanderliegende Bohrlöcher in der Mundöffnung hat, so daß der Eindruck entsteht, als sollte hier durch Rohre Wasser versprüht, nicht aber aufgefangen werden.

[41] Siehe das Kapitel: Flammenvasen und Fruchtschalen. Der große Stein auf dem Fußboden des Pantheon unterhalb der Kuppelöffnung wurde als Abdeckung angesehen, die der Teufel gelegt hat, um seine Flucht zu vertuschen. Das Opaion hätte der Teufel aufgerissen bei seinem verzweifelten Versuch zu fliehen, als der Allgöttertempel durch Bonifaz IV. zum Tempel der Muttergottes geweiht wurde. Tilmann Buddensieg, Criticism of Ancient Architecture in the Sixteenth and Seventeenth Century, in: Classical Influences on European Culture 1500–1700, Proceedings of an International Conference held at King's College, Cambridge, April 1974, ed. R. R. Bolgar, Cambridge University Press 1976, p. 336. Und derselbe: Criticism and Praise of the Pantheon in the Middle Ages and the Renaissance, in: Classical Influences on European Culture, 500–1500, ed. R. R. Bolgar, Cambridge 1971, p. 259 ff.

BILDNACHWEIS

Alinari: 46, 47, 56, 68.
Archives Départementales de Loir-et-Cher: 4, 5, 8, 13.
Biblioteca Casanatensis, Rom: 84.
Bibl. Nat. Paris: 43, 53, 87, 90, 97.
Centre d'Etudes Supérieures de la Renaissance, Universität Tours: 23, 35, 38, 40, 62, 72, 81.
Deutsches Museum, München: 111.
Foto Tapparo e Trentin, Vicenza: 103, 104, 105, 106, 108.
Foto Marburg: 9, 16, 63.
Gabinetto Fotografico, Uffizien Florenz: 79.
Kunsthistorisches Institut, Florenz: 52, 109.
Kunsthistorisches Museum, Wien: 66.
Kunstgeschichtliches Institut, Frankfurt: 2, 3, 6, 7, 10, 14, 15, 18, 19, 20, 21, 22, 24, 25, 26, 27, 28, 31, 32, 33, 34, 36, 37, 39, 41, 42, 44, 45, 48, 49, 55, 57, 58, 59, 60, 64, 65, 67, 69, 70, 71, 72, 73, 74, 75, 76, 77, 80, 82, 83, 85, 86, 88, 89, 91, 92, 93, 94, 95, 96, 98, 99, 101, 107, 110.
Monuments Historiques, Paris: 1, 17, 29, 30, 42.
Réunion des Musées nationaux, Paris: 78.
Vatikan: 54.
Verfasser: 50, 61, 100, 102.
Zentralinstitut für Kunstgeschichte, München: 51.

TAFELN

Tafel 1

Abb. 1 Chambord, Luftansicht.

Tafel 2

Abb. 2 Chambord, Wasserseite.

Abb. 3 Chambord, Donjon, Seitenansicht.

Tafel 3

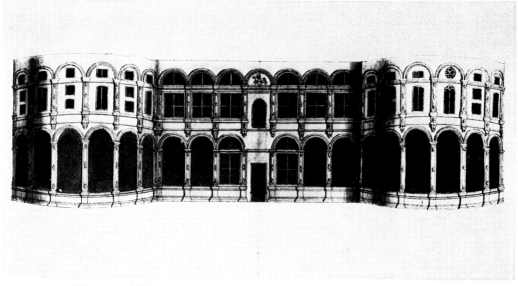

Abb. 4 Modell für Chambord, Wasserseite, Zeichnung von Félibien, Cheverny.

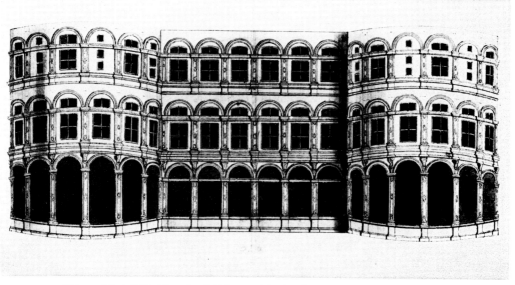

Abb. 5 Modell für Chambord, Seitenansicht, Zeichnung von Félibien, Cheverny.

Tafel 4

Abb. 6 Chambord, Donjon, Eingangsseite im Hof.

Abb. 7 Chambord, Donjon, Seitenansicht.

Abb. 8 Modell für Chambord, Eingangsseite, Zeichnung von Félibien, Cheverny.

Abb. 9 Chambord, Eingangsseite.

Tafel 6

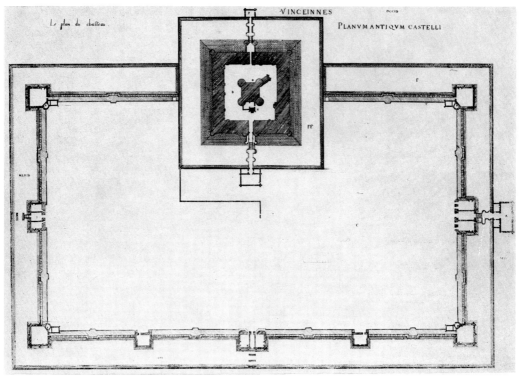

Abb. 10   Vincennes, Grundriß von Ducerceau.

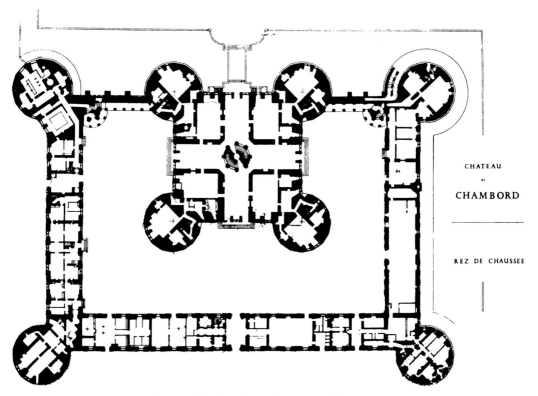

Abb. 11   Chambord, Grundriß von Michel Ranjard.

Tafel 7

Abb. 12 Chambord, Donjon, Aufriß von Michel Ranjard.

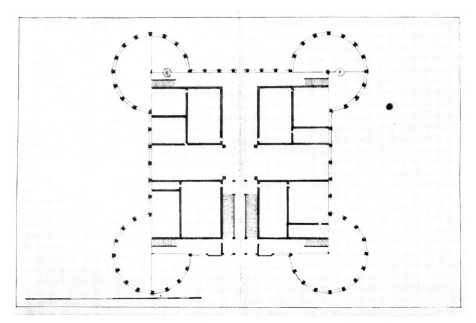

Abb. 13 Modell für Chambord, Grundriß, Zeichnung von Félibien, Cheverny.

Tafel 8

Abb. 14 Blois, Treppenturm Franz I.

Tafel 9

Abb. 15   Chambord, Treppenturm.

Tafel 10

Abb. 16 Nevers, Palais Ducal.

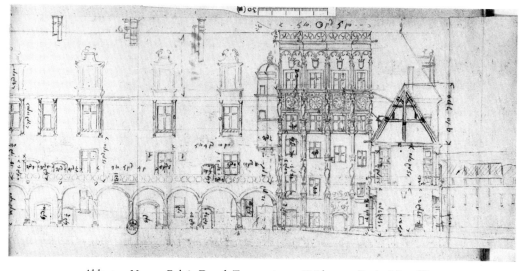

Abb. 17 Nancy, Palais Ducal, Treppenturm, Zeichnung, Paris, Mon. Hist.

Tafel 11

Abb. 18 Meillant, Treppenturm.

Tafel 14

Abb. 23 Chambord, Treppenturm, Decke des Geschosses oberhalb des Daches.

Abb. 24 Blois, Treppe Ludwigs XII., Abschluß der Spindel.

Tafel 15

Abb. 25 Chambord, Treppenturm oberhalb des Daches.

Tafel 16

Abb. 26 Chambord, offener Kern der Treppenspindel.

Abb. 27 Chambord, Zeichnung Ducerceaus, London, Brit. Mus., Strahlen auf den Spitzen der Turmhelme des Donjon.

Tafel 17

Abb. 28 Chambord, Treppenturm,
Geschoß oberhalb des Daches.

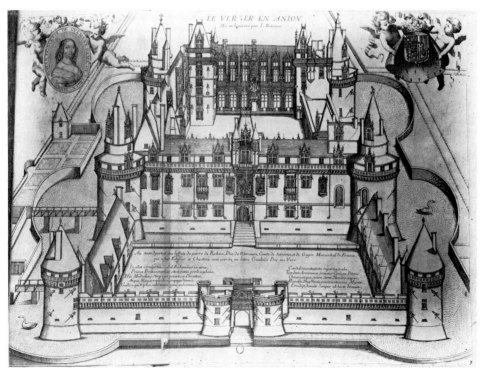

Abb. 29 Le Verger, Stich von Boisseau, Strahlen unter dem Firstkamm der Türme.

Tafel 18

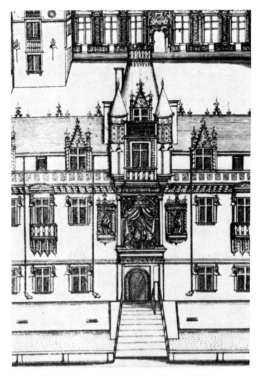

Abb. 30 Le Verger, Detail von Abb. 29, Strahlen unter dem Firstkamm des Eingangsturmes.

Abb. 31 Meillant, Kapelle, Strahlen unter dem Firstkamm.

Tafel 19

Abb. 32 Chemazé, Strahlen am Turmfirst.

Abb. 33 Meillant, Strahlen unter dem Firstkamm.

Tafel 20

Abb. 34   Rouen, Uhrturm.

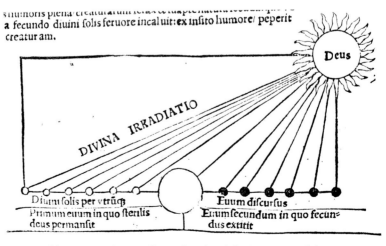

Abb. 35   Carolus Bovillus, Liber de nihilo, Paris 1518, fol. 66 v.

Tafel 21

Abb. 36   Toulouse, Hôtel de Bernuy, Portal.

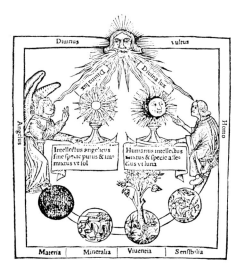

Abb. 37   Carolus Bovillus, Liber de intellectu,
Paris 1509, fol. 2 r.

Tafel 22

Abb. 38   Carolus Bovillus, Theologarum conclusionum, Paris 1515, fol. 123 r.

Tafel 23

Abb. 39   Guillaume de La Perrière,
Théâtre des bons engins, Paris 1539.

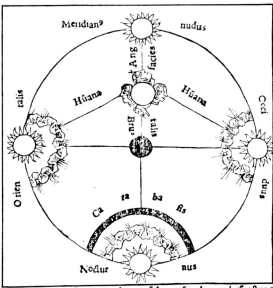

ui orientem&occiduum intuebuntur folem/erũtvt humani:afpectus q
t obliquato radio/vltro)citroq; ad diuinum admittitur confpectum. Infe
nocturni fpeculator folis erit vt animalis oculus:exprimens quanta in=
is dei cognitio/diuieq; lucis participatio:(Sicut eni ei oculo/ nocturn9
et imperuius:ita et diuina lux humani corporis interftitio: ab eodē ocu
eruta et perpetuo inacceſſa.(Angelus autem(vt fuperior pandit ocul9)
to et perpendiculari radio fit diuine lucis capax,in ipfum deũ fine me=
es in vifibilem hunc folem)intendens.

Abb. 40   Carolus Bovillus, Liber de sapiente,
Paris 1510, p. 141 = 139.

Abb. 41   Verlegerzeichen, Mailand 1504.

Abb. 42   Druckerzeichen, Parma zwischen 1510
und 1513.

Tafel 24

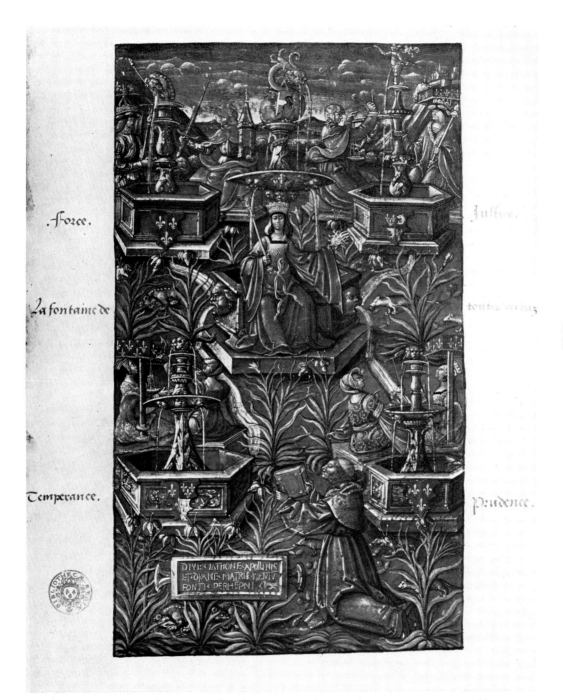

Abb. 43 Jean Thenaud, Les triomphes des vertus: La fontaine de toutes vertus. Paris, Bibl. Nat.

Abb. 44 Titelblatt der Publikation der Entrée Franz I. in Rouen 1517.

Abb. 45 Schiff auf der Seine, Fest zur Hochzeit Ludwigs XIV. mit Marie-Thérèse, 1660.

Tafel 26

Abb. 46 Paolo Uccello, Reiterdenkmal des Giovanni Acuto, Dom, Florenz, Rahmung mit Flammenkandelabern.

Tafel 27

Abb. 47 Grabmal des Kardinals Ascanio Sforza, Rom, S. M. del Popolo
mit freiplastischen Flammenkandelabern.

Tafel 30

Abb. 52   Entwurf für die Fassade S. Lorenzo in Florenz, mit Flammenkandelabern und Caritas.

Tafel 31

Abb. 53 Rosso Fiorentino, Altarentwurf mit Flammenkandelabern und Caritas, Paris, Bibl. Nat.

Tafel 32

Abb. 54   Raffael, Predella der Pala Baglioni, Vatikan, Caritas.

Abb. 55   Blois, Hôtel d'Alluye, Kapitell mit Fruchtschale.

Tafel 33

Abb. 56   Florenz, Palazzo Pazzi, Kapitell mit Flammenvase.

Abb. 57   Blois, Hôtel d'Alluye, Kapitell mit Flammenvase.

Tafel 34

Abb. 58 Blois, Flügel Ludwigs XII., Pilaster mit Flammenkandelaber.

Abb. 59 Blois, Treppenturm Franz I., gekreuzte Füllhörner mit Flammen.

Tafel 35

Abb. 60 Blois, Flügel Ludwigs XII., Portal, Flammenkandelaber.

Abb. 61 Venedig, Palazzo Ducale, Scala dei Giganti, gekreuzte Füllhörner mit Flammen.

Tafel 36

Abb. 62 Chenonceau, Eingang zur Kapelle.

Abb. 63 Relief des heiligen Georg aus der Kapelle des Schlosses Gaillon, Louvre.

Tafel 37

Abb. 64 Blois, Flügel Franz I., Kamin.

Abb. 65 Bourges, Hôtel Lallement, Kamin.

Tafel 38

Abb. 66 Putto mit Flammen in der Hand, Relief, Schloß Ambras.

Abb. 67 Venus mit Flammen in der Hand, Illustration zum Rosenroman, Cod. Vindob. 2592, fol. 26.

Tafel 39

Abb. 68 Putto mit Flammen in der Hand, Relief in der Fassade der Certosa von Pavia.

Abb. 69 Villandry, Gaube.

Abb. 70 Amboise, Flügel Franz I., Gauben.

Tafel 41

Abb. 71   Chenonceau, Gaube.

Abb. 72   Azay-le-Rideau, Gaube.

Tafel 42

Abb. 73   Blois, Flügel Franz I., Gaube.

Abb. 74   Sieg der Tugend über das Laster, Druckerzeichen 1538.

Abb. 75   Kampf der tugendhaften gegen die lasterhaften Götter, Stich von Beatrizet nach Bandinelli.

Tafel 43

Abb. 76   Dachbekrönung des Louvre, Stich von Ducerceau.

Abb. 77   Satyr vergewaltigt eine Frau,
Stich von Antonio Fantuzzi.

Abb. 78   Sieg der Tugend über das Laster,
Zeichnung von Veronese, Louvre.

Tafel 44

Abb. 79 Vasari, Bildnis des Lorenzo il Magnifico, Uffizien.

Tafel 45

Abb. 80   Putten, Chambord.

Abb. 81   Putten, Chambord.

Tafel 46

Abb. 82 Turris refugii, Ms. Cambridge, Trinity Hall, 12, fol. 16 v.

Abb. 83 Turm der Wahrheit, Marcus von Waida, Spiegel der Bruderschaft des Rosenkrans, Leipzig 1514.

Abb. 84 Kastell der Tugend, Codex Casanatensis, 1404, fol. 16 v.

Tafel 48

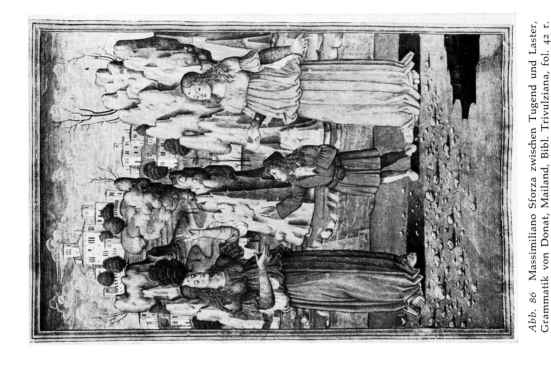

Abb. 86 Massimiliano Sforza zwischen Tugend und Laster, Grammatik von Donat, Mailand, Bibl. Trivulziana, fol. 42 r.

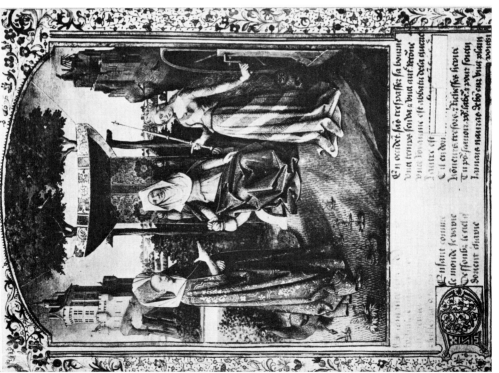

Abb. 85 Tugend und Fortuna, Martin Le Franc, L'estrif de vertu et de fortune, 1447, Bibl. Leningrad.

Tafel 49

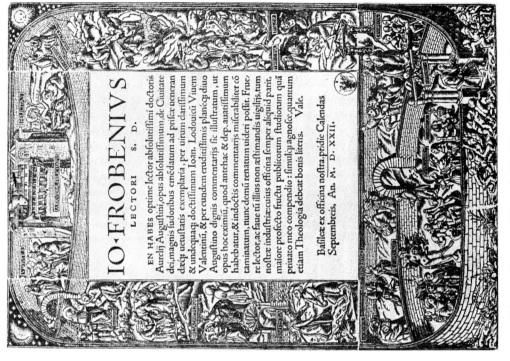

Abb. 88   Arx verae felicitatis, Titelblatt zur Tabula Cebetis, Basel 1522.

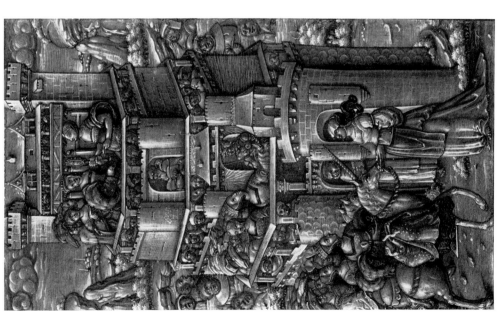

Abb. 87   »Chastel de discipline ou beaumaintien«, Les triumphes des vertus, Paris, Bibl. Nat. Ms. fr. 144, fol. VII r.

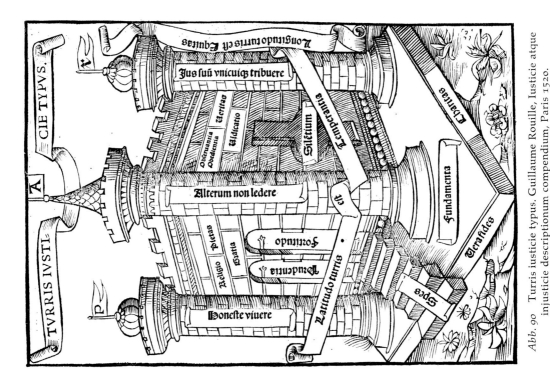

Abb. 90 Turris iusticie typus. Guillaume Rouille, Iusticie atque injusticie descriptionum compendium, Paris 1520.

Abb. 89 Turm der Grammatik, Holzschnitt, Heinrich Vogtherr d. Ä. zugeschrieben.

Tafel 51

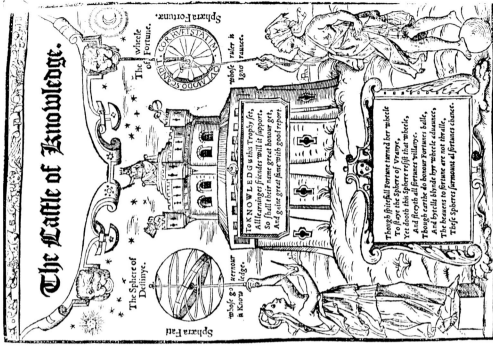

Abb. 91 Turm der Grammatik, Gregor Reisch, Margerita philosophica, Straßburg 1515.

Abb. 92 The Castle of Knowledge, Robert Record, London 1556.

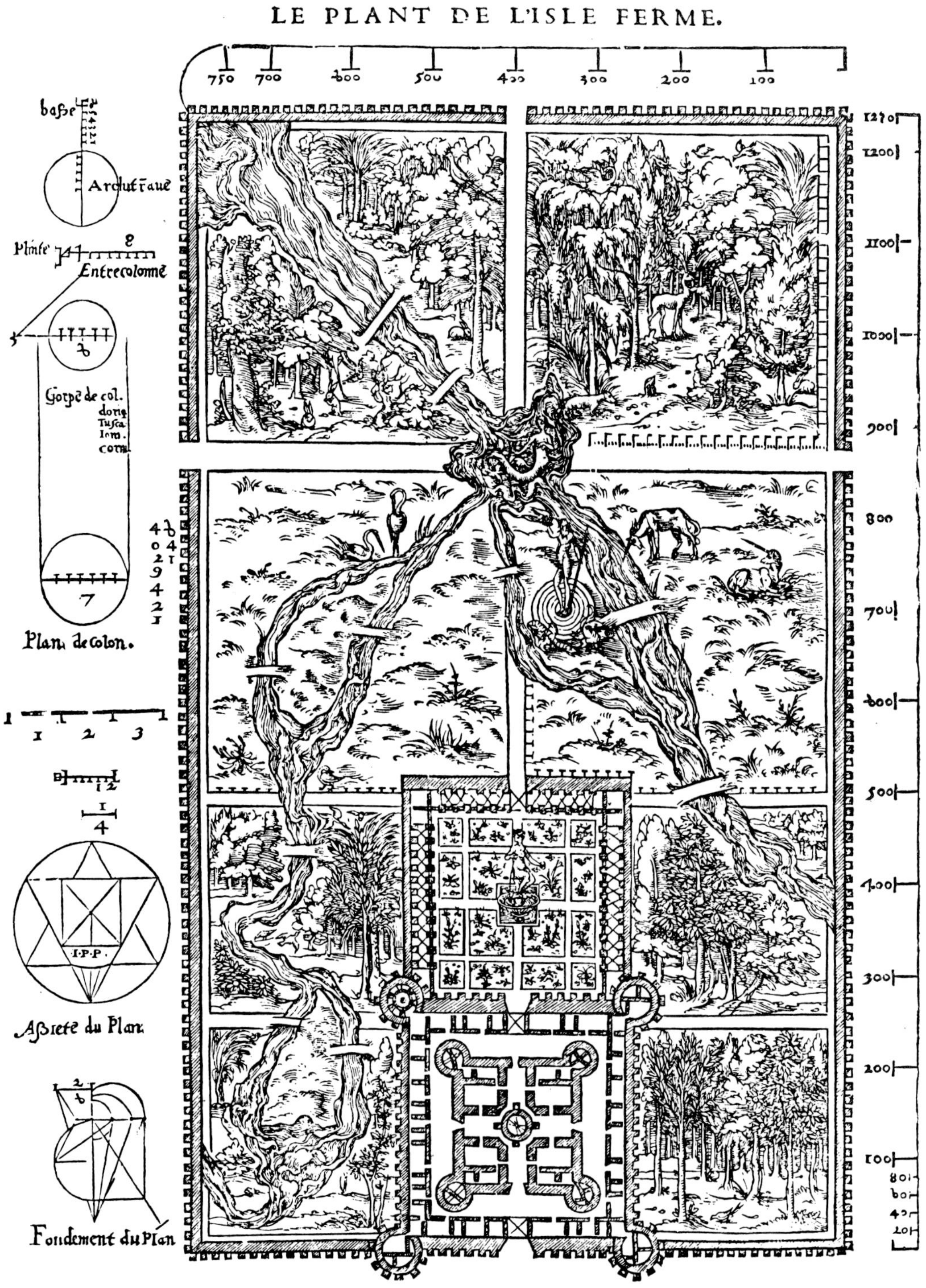

Tafel 52

LE PLANT DE L'ISLE FERME.

Abb. 93 Grundriß der Isle ferme mit dem Palais des Apolidon, Amadis de Gaule, Paris 1546–1559.

Abb. 94 Ansicht des Palais des Apolidon, Amadis de Gaule, Paris, 1546–1559.

Tafel 54

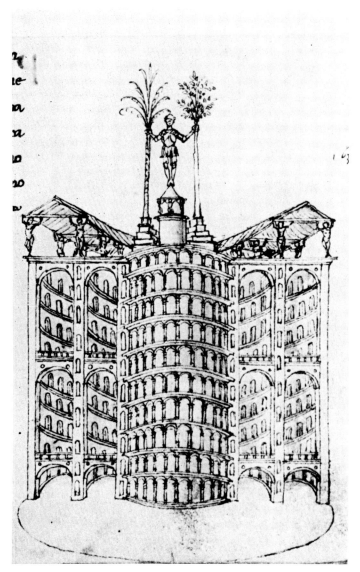

Abb. 95 Das Haus der Tugend, Filarete, Trattato di architettura, Cod. Magliabechiano, fol. 144 r.

Abb. 96 Statue der Tugend auf dem Haus der Tugend, Filarete, Trattato di architettura, Cod. Magliabechiano, fol. 143 r.

Tafel 55

Abb. 97   Franz I. in Fünf-Götter-Gestalt, Paris, Bibl. Nat.

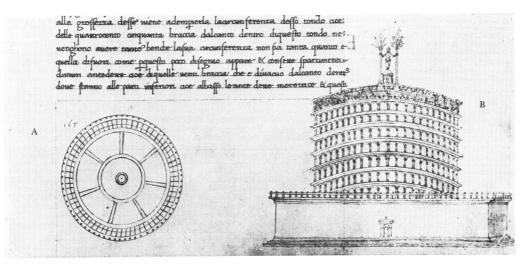

Abb. 98   Das Haus der Tugend, Filarete, Trattato di architettura, Cod. Magliabechiano, fol. 145 r.

Tafel 56

Abb. 99 Tempel der Venus, Francesco Colonna, Hypnerotomachia Poliphili, Paris 1546.

Abb. 100 Palazzo Moro Barbini, Venedig.

Tafel 57

Abb. 101 Tempel der Venus, Francesco Colonna, Hypnerotomachia Poliphili, Paris 1546.

Abb. 102 Palazzo Grimani Marcello Giustinian, Venedig.

Tafel 58

Abb. 103   Villa Rotonda, Vicenza.

Abb. 104   Mittelsala der Villa Rotonda, Vicenza.

Tafel 59

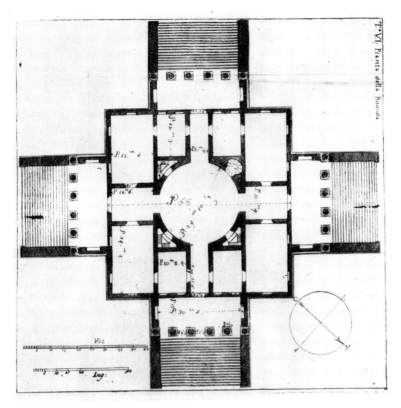

Abb. 105 Grundriß der Villa Rotonda, Vicenza.

Abb. 106 Heutige Eingangsseite der Villa Rotonda, Vicenza.

Abb. 107   Satyrmaske im Hof des Palazzo della Valle, Zeichnung von Heemskerck.

Abb. 108   Faunsmaske in der Mittelsala der Villa Rotonda.

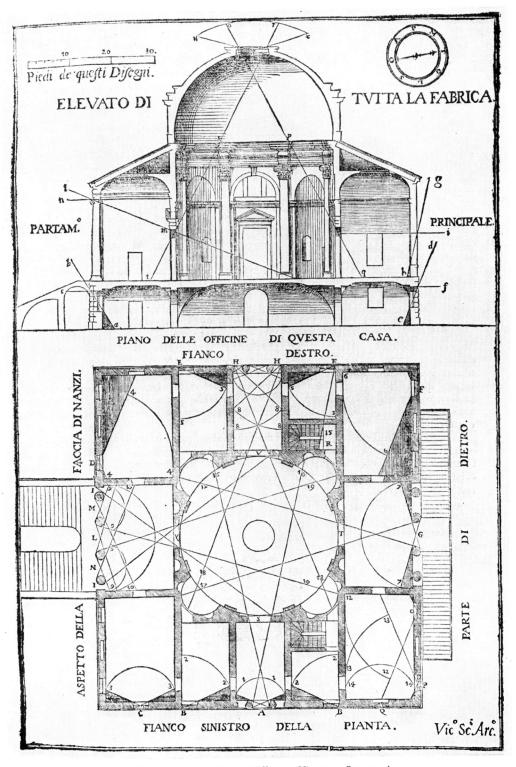

Abb. 109 Entwurf einer Villa von Vincenzo Scamozzi.

Tafel 62

ORTHOGRAPHIA PRÆCIPVÆ DOMVS ARCIS VRANIBVRGI IN
INSVLA PORTHMI DANICI HVÆNNA, ASTRONOMIÆ
INSTAURANDÆ GRATIA CIRCA ANNUM 1580. A
TYCHONE BRAHE EXÆDIFICATÆ.

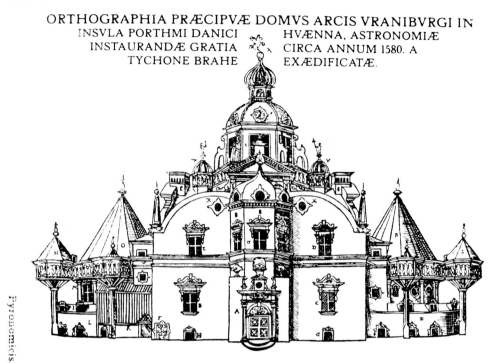

JCHNOGRAPHIA PRÆCIPUÆ DOMUS.

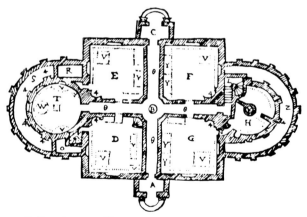

A Ianua Orient: C Occident. Θ Tranſitus 4 ad angulos rectos concurrentes. B Fons Aquarium uolubilem rotans qui aquas hinc inde cum lubet eiaculatur. D Cœnaculum hybernum. EFG Cameræ pro hoſpitibus. L Gradus pro aſcenſu in ſuperiorem contignationem. H Coquina. K Puteus 40 uln. profundus, artificio hydatico feruiens, & aquas per Syſiphones in ſingulas cameras diſtribuens. P Gradus pro deſcenſu in Laboratorium. T Bibliotheca. W Globus magnus Orichalcicus. V menſæ. 4. Quatuor Camini. Y Lecti. Cætera acutus inſpector facile per ſe diſcernet. ‖
ARCIS

Abb. 110 Observatorium Tycho Brahe's auf der Insel Hven, Tycho Brahe, Epistolae astronimicae, 1596.

Abb. 111 Mauerquadrant in Tycho Brahe's Observatorium Uraniborg.